21世纪中国地方公共治理现代化研究

深圳市户籍制度改革研究

王见敏 赵飞 著

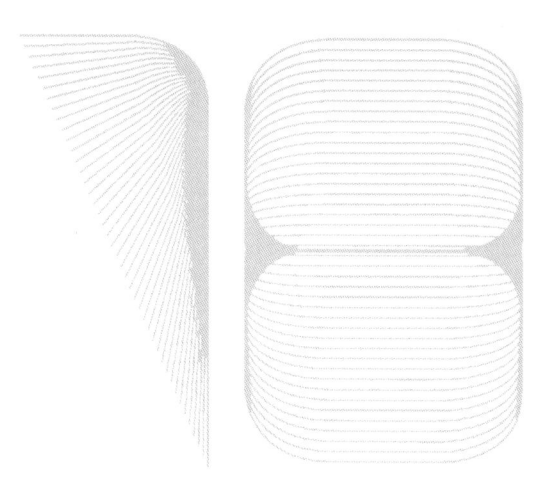

中国社会科学出版社

图书在版编目（CIP）数据

深圳市户籍制度改革研究/王见敏，赵飞著 . —北京：中国社会科学出版社，2019.8
（21 世纪中国地方公共治理现代化研究）
ISBN 978 – 7 – 5203 – 5088 – 4

Ⅰ.①深… Ⅱ.①王… ②赵… Ⅲ.①户籍制度—体制改革—研究—深圳 Ⅳ.①D631.42

中国版本图书馆 CIP 数据核字（2019）第 195687 号

出 版 人	赵剑英
责任编辑	刘晓红
责任校对	周晓东
责任印制	戴　宽

出　　版	中国社会科学出版社
社　　址	北京鼓楼西大街甲 158 号
邮　　编	100720
网　　址	http：//www.csspw.cn
发 行 部	010 – 84083685
门 市 部	010 – 84029450
经　　销	新华书店及其他书店
印刷装订	北京市十月印刷有限公司
版　　次	2019 年 8 月第 1 版
印　　次	2019 年 8 月第 1 次印刷
开　　本	710×1000　1/16
印　　张	13
插　　页	2
字　　数	200 千字
定　　价	68.00 元

凡购买中国社会科学出版社图书，如有质量问题请与本社营销中心联系调换
电话：010 – 84083683
版权所有　侵权必究

前　言

　　源自一个偶然的机会，基于对制约人才战略因素研究的需求，笔者发现了四川省绵阳市的户籍管理制度存在一个漏洞，即如果夫妻双方都是集体户口，则生育的小孩是落了户的。后来，我开始广泛地学习国家户籍制度与政策条例以及深圳市的地方行政法规，同时也开始了对中国户籍制度、人口管理、中国社会转型、农村城镇化等问题文献的收集、阅读与研究，拜读了中国社会科学院潘晨光、蔡昉、于建嵘，清华大学李强教授，中国土地政策与城市管理部主任丁日成教授等诸多国内外社会学、人口学、人才战略方面的著名专家、学者的研究成果，他们从社会转型、城市治理、农村城镇化、人口管理、人才管理等多个角度，揭示了现行户籍制度存在的问题，提出了逐步剥离户籍福利、促进户籍制度本身的人口登记管理属性的回归等改革建议。

　　国内外众多的专家与学者几乎一致认为，中国的户籍制度改革势在必行。其中，李强教授的观念具有很强的代表性，他认为城乡化进度中的户籍制度至少存在以下四个方面的问题[①]：①造成了中国现行"候鸟式"的农民工迁徙流，造成的社会成本浪费；②造成了目前城乡二元割据的结构，阻碍了中国农村城镇化的进程；③造成了城市内部的新的二元结构，在城市内部形成了农民工与城市居民新的二元格局；④户籍壁垒和其他的一些集体排他政策阻碍了进城农民工中的那些底层精英向上流动，进一步激化了底层精英和主体社会的矛盾。

[①] 李强等：《城市化进程中的重大社会问题及其对策研究》，经济科学出版社 2009 年版。

在户籍改革的思路上，也有国外的学者提出，中国应该采取"休克疗法"，立即废除现行的户籍，建立新的人口管理机制，但是，中国的专家、学者几乎一致认为，中国的户籍改革必须以渐进的方式逐步剥离户籍福利、促进户籍制度本身的人口登记管理属性。从这些学者的声音中，中国现行的户籍制度似乎成为引发中国社会矛盾问题的主要根源之一。中国户籍制度存在的问题，也需要改革，这是不争的事实。但是，随着阅读的文献资料越来越多，笔者却有一个困惑越来越强烈：是中国现行户籍制度本身的设计出了问题，还是政府对社会人口的治理理念出了问题？如果是中国现行户籍制度本身设计的问题，那么，为什么现在有超过80%的中国农民不愿意进行"农转非"？带着这些问题，笔者研究了深圳市户籍改革的整个进程。

深圳市分别在1992年与2004年进行了两次"农转非"工作，所有深圳市的农村户口全部转化为城镇户口，是中国第一个完全实现农村城镇化的城市。但是，深圳市户籍改革是否已经完成了呢？城乡二元割据结构是否就消除了呢？目前深圳市的户籍制度还存在哪些问题？应如何进行下一步改革？本书在研究中国户籍制度与人口管理、厘清中国户籍制度产生的背景与历史沿革、分析中国户籍制度对中国社会治理产生的积极与消极影响的基础上，从战略、资源、环境的角度着重分析了深圳市人口政策的历史沿革、迁移影响，流动人口的服务与管理及城乡户籍统一后的管理政策与措施，并对深圳市后续人口管理政策与户籍制度配套改革的必要性进行了研究，提出了进一步改革的原则与政策思路。

通过研究证明，当前与户口相关的社会矛盾问题其实并不在于户口本身，而是附着在户籍上的种种现实利益。人们对户籍制度改革的渴望，实际上是渴望享有同等国民待遇的权利、缩减或消除社会不公、缩小社会贫富差异、改变中国社会的城乡二元结构。[①] 从社会整体的角度看，最优先需要的不是简单取消农业户口或减少农业人口的户籍改革，也不是简单剥离附着在户籍之上的社会福利，而是政府基于社会公平与和谐的人口治理理念与政策。

---

① 杨政文：《户籍改革：困境与出路》，《领导者》2009年第2期。

内容摘要

户籍问题关系到社会公平,影响到社会和谐与稳定,很有研究的必要,一直备受广大学者的关注。本书通过对中国古代及现行户籍制度的沿革进行研究,分析了中国人口与户籍制度的变革作用与意义,指出了中国现行人口与户籍管理中存在的问题,同时分析与总结了当前专家学者对户籍改革的观点与建议,并对全国的各种户籍制度改革的尝试、探索与突破进行了分析与点评。

深圳市既是中国最早完成农村城市化改革的移民城市,也是流动人口最多、户籍与非户籍人口倒挂最严重的城市,深圳市的户籍制度改革有很多方面走在了全国前列,无论是专家学者还是深圳本地的外来人口对深圳市户籍改革的呼声都很高。本书通过对深圳人口发展的历史、现状、内涵进行分析,指出了其人口发展面临的十大问题,同时对深圳市农村城市化进程中的户籍改革及流动人口迁入式户籍改革的历史沿革的政策背景、意义、改革的成效进行分析,并就现在社会上对人口管理与服务、户籍制度的认识、户籍制度改革建议、流动人口的管理与服务等方面存在认识上的误区与盲区进行了验证性分析。

本书认为,户籍制度其内涵是一种人口管理制度。城市人口年轻化在短期内是财富,长期是负担;流动人口并不必然是城市的财富并有可能是经济发展的负担;各地对高素质人才的争夺式的户籍政策可能导致城市的性别比失衡;户籍制度本质上是人口管理与服务制度的一部分;户籍制度改革并不能破除城乡"二元"结构,户籍制度也不是限制人口流动的主因,户籍制度改革欲速则不达,地区性的户籍制度改革离不开全国统筹,也不可能先于国家改革而完成;地区性教育发展并不是提高地区人口素质最有效的途径，户籍制度改革基础是社会保障的全国统筹；城市化进程中"农转非"改革不仅仅是户籍身份转换，还有农民市民化社会身份转换。调整产业结构才是提升人口素质最有效的途径；在流动人口权益保护方面，笔者认为，畅通流动人口诉求表达渠道加快立法保护是推动流动人口权益保障最有效的途径，建议大力推动全国性的教育体制改革，淡化户籍意识，率先突破医保改革，构建多层次的农民工住房供应体系，推动流动人口居住权益保障。

深圳市户籍制度改革总体指导思想是紧密配合全国统筹，兼顾深圳实情，稳步推进；户籍改革定位就是人口管理制度的改革，户籍制度应该服务人口管理、服务城市功能演变；户籍改革破局的关键是城乡教育服务供给数量与质量均等化，同时推进社会保障尤其是养老保障与医疗保障等公共服务的城乡统一；中国户籍制度改革的短期目标是加快产业结构调整，逐步放宽入户条件；中期目标是稳定现有人口，加快保障住房建设；其终极目标是淡化户籍，稳步推进权益、福利均等化与迁移人口同权化。

关键词： 户籍制度　流动人口　福利均等化

目 录

第一章 中国户籍制度发展的历史逻辑 ……………………… 1

  第一节 中国户籍制度的历史脉络 ……………………………… 1
  第二节 中华人民共和国户籍制度的历史沿革 ………………… 4
  第三节 当前户籍制度改革问题的主要观点 …………………… 18
  第四节 各地户籍制度改革实践 ………………………………… 21

第二章 中华人民共和国人口与户籍政策演变 ……………… 31

  第一节 影响中国人口与户籍迁移的主要因素 ………………… 32
  第二节 中国人口规模演变 ……………………………………… 35
  第三节 国内人口与户籍迁移政策演变 ………………………… 39
  第四节 当前人口管理与户籍制度问题评述 …………………… 45

第三章 深圳市城市发展及人口发展概况 …………………… 51

  第一节 深圳市的城市发展轨迹 ………………………………… 51
  第二节 深圳市人口发展概况 …………………………………… 59
  第三节 深圳市人口发展的主要特征及其原因 ………………… 64
  第四节 深圳市人口发展的问题 ………………………………… 70

第四章 深圳市户口迁移制度改革 …………………………… 80

  第一节 深圳市户口迁移制度改革的压力与动力 ……………… 81
  第二节 深圳市户口迁移政策演变的五个阶段 ………………… 93

第三节　深圳市户籍迁移改革的特色政策……………………114
　　第四节　深圳市户口迁移制度改革的经验总结……………………120
　　第五节　深圳市户口迁移制度改革的成效……………………128

第五章　深圳市的城乡户籍统一……………………………134
　　第一节　深圳市城乡户籍统一的背景……………………135
　　第二节　深圳市城乡户籍统一的过程……………………139
　　第三节　深圳市城乡户籍统一的经验与思考……………………146

第六章　深圳市户籍制度改革继续深化的环境分析……………151
　　第一节　深圳市"十三五"发展规划与人口战略……………151
　　第二节　深圳市城市环境对人口的承载力……………………156
　　第三节　深圳市人口管理对现行户籍制度的挑战……………159

第七章　研究结论与后续改革建议………………………………168
　　第一节　中国户籍制度改革误区的辨识……………………168
　　第二节　我国当前户籍制度的利弊评述及改革思考……………178
　　第三节　城乡户籍改革方向思考……………………………184
　　第四节　深圳市户籍后续改革的建议……………………………186

参与文献………………………………………………………………192

后记……………………………………………………………………198

第一章 中国户籍制度发展的历史逻辑

从自然属性来看,中国现行的户籍制度,如同其他大部分国家的户籍制度一样,只是一个实施中国人口政策的统计工具,这一点没有明显差别;但从社会属性来看,由于受制于政府的执政理念,给中国户籍制度赋予了太多的人口控制性职能,从而形成了具有人口统计与控制双重职能的户籍制度。所以,我们在研究户籍政策时,应该先了解中国人口政策,尤其是新中国成立以后的人口政策沿革的背景、成因与效果,有助于全面了解中国户籍制度。

第一节 中国户籍制度的历史脉络

随着我国现代户籍改革的不断推进,户籍制度备受关注。事实上在中国的社会发展过程中,户籍制度自产生开始至今,一直扮演着极其重要的社会角色、发挥着社会管理的重要功能。实际上,户籍制度的改革历程表现为其人口迁移和社会福利分配这两大特殊职能,这两个特殊的职能是相互对立存在的,二者对立运动的形式又源于工业化发展对社会活动的客观需要。当前户籍制度的改革目标应建立起人口自由有序迁移与社会福利均等性分配的制度组合,以适应现代化进程发展的客观需要,当户籍制度与这两个职能理性地组合在一起时,户籍制度就由以前的管理工具转变为服务工具。

一 中国古代户籍制度源起

中国古代户籍制度源于原始社会后期,并在春秋战国时期萌芽,后于秦朝正式建立，历经了漫长的发展与完善，成为中国社会中持续影响最久、意义深远、历史作用巨大的社会管理制度。在古代，人们用户籍确定世系、命定姓名来登记身份，用特定的文身和服饰来标志身份，用聚众举行庆典来宣告居民身份变化等情况。

公元前 21 世纪，"禹平水土，定九州，计民数"，开始实施的中国户口管理，在西周时期发展成专门职业并由专门的官吏负责，该类官员称为"司民"，专门负责统计人口的数量，并进行专业的户籍管理工作。

二　中国古代户籍制度演变

（一）中国汉朝以前的封建社会初期阶段户籍制度

司马迁在《史记》第二卷中提到，"禹平水土，定九州，计民数"，即户籍制度最初的职能是分区域人口数量统计。根据《周礼》所载，周朝户籍已经不满足于人口数量统计，已经设置了专门的"司民"官员，专门负责户籍登记，将出生、死亡、居住地、性别等纳入统计，定期向周王汇报，以便朝廷以户籍征集赋税，同时还定期开展户口调查，这说明到了周朝，户籍制度中的人口统计职能已基本健全，户籍制度已经成为封建王朝征集赋税的工具；到了春秋时期，鲁国、齐国、吴国等先后建立了乡村基层组织——社，以 25 户为一社，户籍制度开始与土地进行捆绑；到了战国时期，韩、赵、魏等国实施"上计制度"，要求地方官吏每年年初将所辖地区的户籍人口与征税预算写在"券上"按年递交，年终再根据户籍人口增减与征税情况进行核算，同时将税负征缴情况列入年度政绩考核，作为升迁或降级的依据，户籍制度已基本固化为地方治理与税负征缴的工具。

（二）封建国家分裂与民族融合阶段的户籍制度

到秦献公时期，将全国人口编成五户为"一伍"，商鞅进一步实施"五户一伍、十户为什"的连坐机制，同时首次将社会成分与职业纳入统计，使户籍制度对国民的管制更加严密；到了汉朝时期，设立了户曹掾，专门管理户籍，其户口编查制度已经和户籍、土地与赋税结合，户数与地籍并列，户数与每户的人口数量登列，设立了"户赋、算赋、口赋"三类税种，实现以户为基数（户赋）、以 15 岁到 56 岁的劳动力人口（算赋）、向7岁到14岁儿童（口赋）分别征税，使户籍制度固化成为地税与户税管理制度。

到了魏晋南北朝时期，废除了两汉时期的人口登记方式，改为以户为单位进行登记，不再单独统计人口数量，实行以户征税，使很多小户随士族大户随迁成为不纳税负的"荫户"，也有一些农户为了规避税负流亡到山林成为"浮浪人"；到了东晋南朝时期，朝廷为了增加税负而实行"土断"制度，将当地流民、侨户与"浮浪人"在居住地入籍编户，流动人口的管理开始纳入户籍制度。到了隋朝，户籍整顿力度更大，同时首次将户口按财产状况分层分等，分类征税，每年巡查，三年一调；到了唐朝，户籍制度已经与土地制度息息相关，实行了均田制、租庸制、户税、两税法四类户籍管理制度：其中，均田制首次实现了对老、弱、病、残、寡等特殊群体的土地保障功能，租庸制首次实现了将户籍与兵役结合，户税与两税实行按户属财产多寡征税，户籍制度日渐严密。

（三）封建社会繁荣阶段的户籍制度

宋朝时期，为了顺应土地租种现状，朝廷将户籍分为主户、客户两类，即拥有土地的为主户，租种土地的为客户，并且将户分为九类，分类计税，实现税负公平；元朝时期，取消了之前的户籍九级制，将户籍分为四类，即以士宦官门第为主的等元著户籍、从事工商业的交参户、隐逃漏户籍的漏籍户、由政府与社会保障的老弱病残贫幼等组成的协济户，这四类户口又分若干小户，形成了户类户等管理体系，但事实上执行起来更加复杂，难以落地；明朝时期，朱元璋采用户部尚书范敏的建议，创建了黄册制度，形成了里甲制，并将生死、财产增减、产权转移登记于册，成为税负依据；到了清初，战乱导致的里甲制度难以发挥效用，到顺治四年将户籍分为军、民、匠、灶四类，形成重人丁（16岁到60岁的男性）、不重人口（除丁之外其他人口均称为口）的户籍管理制度，后到公元1741年，人口登记改为保甲制，将全部人口纳入人口总数。清宣统三年（1911年）颁布了《户籍法》，成为我国第一部现代户籍法。后来，保甲制一直沿用到民国时期。到了民国时期，在保甲制基础上，还引进了西方警察制度，由警察户籍制定了清查户口的办法，这套由警察清查户籍、管理人口的制度也因此一直沿用至今。

虽然，古代户籍制度进行了多次修订与调整，但是在重农抑商的中国古代社会，农民是征收税负徭役的主体，农业的耕作需要大密度的农业人口，为维护国家机器的正常运转，为了使户籍制度更加适应社会现实，更好地实现户籍制度的税负征缴与人口管理功能，历朝历代的统治者都很重视户口管理，从而促进了户籍制度的改革和完善。历史脉络表明，古代户籍制度自诞生以来，一直是统治阶段进行征收税负、压迫人民的工具。但是，户籍制度的内涵已经逐渐丰富，职能逐步扩展，户籍制度已经演变衍生成常住人口管理、流动人口管理、老弱病残贫幼等社会保障、土地财政与土地保障、人口服务等多项职能的融合。[①]

综上所述，从积极的意义出发，中国古代的户籍制度有效地遏制了地方分裂势力、减少了封建割据、避免了战争的发生，为社会经济的发展提供相对安定的政治环境，并在客观方面促进了社会经济的发展。从消极的角度看，中国古代的户籍制度就是一种阶级统治与阶级剥削的社会工具。

第二节　中华人民共和国户籍制度的历史沿革

新中国的户籍管理制度，分为狭义与广义两种。狭义户籍制度的核心内容是限制农村人口流入城市的相关规定与措施的城乡二元化制度。广义的户籍制度还包括与户籍相关的社会基本保障、公共福利分配、劳动机会配给、教育资源配给、医疗保健制度、通婚子女落户等方面附着性与衍生性的具体规定。整体上构成了利益分配向城市人口倾斜的广义户籍管理制度，几乎所有的地方政府部门都需要围绕这一制度开展工作与行使行政职能。本节需要讨论内容为狭义的户籍，着眼于城乡二元化格局的户籍制度进行研究，涉及广义部分的内容，将在本书的随后章节均有涉及。

中国现代户籍政策的演变史，实际上是新中国农民向城市迁移的政策史。在中华人民共和国成立六十九年户籍制度演变历史中，从整体政

[①] 本章主要文献为《我国历代户籍制度概略》，张庆五于1982年发表于《人口与经济》期刊上。

策的解读过程可以将其大体分为"10年自由迁移史、20年限制史、40年改革史"三个阶段,即中华人民共和国成立初到1958年的近10年自由迁徙阶段、1958年到1977年的20年限制迁移阶段,一直到改革开放之后的户籍制度破冰改革。

一 第一阶段(1949—1957年):10年自由迁徙阶段

这10年时间是户籍管理从未加干涉到严格进城的阶段,同时也是中国现代户籍制度形成的前期积累阶段。表1-1为户籍制度沿革第一阶段相关政策的主要内容描述与意义分析。

表1-1　　　　　　1949—1957年中国户籍政策概览

时间	政策名称	发布部门	内容与意义分析
1951年7月	《城市户口管理暂行条例》	公安部	初衷是基于发动肃反、加强政治治安的目的,开始了城市人口户籍登记,这是中华人民共和国成立以后最早的一个户籍法规,使全国城市户口管理制度基本得到统一,也为城市的人口户籍剥离创造了条件,奠定了城乡二元户籍制度的社会基础
1953年4月	《关于劝阻农民盲目流入城市的指示》	政务院	规定未经劳动部门许可或介绍者,不得擅自去农村招收工人。这是最早的政策转变,开始了对城市吸纳进城农民单向限制
1953年7月1日	新中国第一次人口普查	政务院	为户籍等与人口相关的政策实施奠定了信息基础
1954年9月	《中华人民共和国宪法》	全国人大常委会	虽从法律的角度规定"中华人民共和国公民有居住和迁徙的权利",但从反面加剧了人口无序流动,从而加速了户籍相关政策的出台
1954年12月	联合通知	公安部、国家统计局	要求建立农村户口登记制度,为农村户籍制度统一管理打下政策基础
1955年6月	《关于建立经常户口登记制度的指示》	国务院	规定全国城市、集镇、乡村都要建立户口登记制度,统一了全国城乡的户口登记工作,农村开始被纳入户籍管理,城乡二元户籍管理体系形成雏形

续表

时间	政策名称	发布部门	内容与意义分析
1955年11月	《关于城乡划分标准的规定》	国务院	对农业与非农业人口的区分标准进行划分，为城乡二元化户籍制度提供了制度基础
1956年1月	户籍管理权责变更	国务院	决定将内务部主管的农村户口登记工作移交公安部门，从而使全国户口工作实现了统一的管理
1956年3月	全国第一次户口工作会议	国务院	要求在短时期内建立一套比较严密的户口管理制度，该次会议正式促进了户籍制度的出台
1957年12月	《关于制止农村人口盲目外流的指示》	中共中央、国务院	要求城乡各部门严格户籍管理，制止农村人口盲目外出找工作；政策从单向限制城市吸纳农村人口，到限制城市吸纳与限制农村向城市流动双向控制的阶段

在"一五"计划期间，基于国家优先发展重工业的战略，国家经济快速恢复、基础建设快速发展、重工业也取得了"飞跃式"发展，同时也没有相应的城镇户籍限制，这一切为农民进城提供了良好的客观条件，从而迎来了新中国的第一次人口流动高潮。但是，由于社会生产力不够发达以及城市资源的有限性，几乎所有的大城市都出现大量的没有正式工作的农民，城市原有居民质量下降、社会治安状况恶化，城市的人口承载能力达到极限，中央政策开始对农民进入城镇的行为进行劝阻，当劝阻失去效用后逐步转变为强制性的行政限制，逐步形成了城乡隔离。

二 第二阶段（1958—1977年）：20年限制迁移阶段

在该20年前期，基本战略为重工业优先发展战略，"大跃进"造成重工轻农的政策倾向，客观上推动了大量农民涌向城市，为城市发展带来了巨大压力，同时造成城市失业问题突出，正常的社会经济秩序受到了干扰，在此背景下，户籍制度正式出台。后又恰逢三年自然灾害，中央政府除限制农村人口进城外，还为了缓解城市人口的生存压力，出现了短期的反城市化政策行为。反城市化的行为在一定程度上缓解了之前出现的"城市病"①，社会治安有所好转，从而使政府与城市人口从限制农村人口流动获得利益，渡过了难关，这一特定的历史现象坚定了中央政府户籍管理政策从实施城乡隔离走向限制人口流动的精细化管理。表1-2为新中国户籍制度沿革的第二阶段的相关政策的主要内容描述与意义分析。

表1-2　　　　　　　　1958—1977年中国户籍政策概览

时间	政策名称	发布部门	内容与意义分析
1958年1月	《中华人民共和国户口登记条例》	人大常委会	规定"公民由农村迁往城市，必须持有劳动部门的录用证明、学校的录取证明，或者城市户口登记机关的准予迁入的证明，向常住地户口登记机关申请办理迁出手续"；首次以法律的形式将城乡分割的户口登记制度和限制公民迁徙自由的户籍制度固定下来，标志着城乡二元户籍制度的确立
1958年9月	《关于精减职工和减少城镇人口工作中的几个问题的通知》	中央简减干部和安排劳动力5人小组	规定"由农村县镇迁向大中城市的，目前要严格控制"，该政策对农村人口迁往大中城市进行严格限制，户籍流动限制走向精细化
1959年1月	《关于立即停止招收新职工和固定临时工的通知》	中共中央	要求各级党委通知各企业事业单位立即停止招收新的职工和继续固定临时工人，该通知从政策上开始冻结人口流动
1959年2月	《关于制止农村劳动力流动的指示》	中共中央	要求各企事业单位不得再招收流入城市的农民，并要求对已经招收的进行清理，对没有固定工作者遣送回乡，逆城市化政策开始萌芽

---

① 百度百科释义："城市病"是指人口过于向大城市集中而引发的一系列社会问题，表现在：城市规划和建设盲目向周边摊大饼式的扩延，大量耕地被占，使人地矛盾更尖锐。

续表

时间	政策名称	发布部门	内容与意义分析
1959年3月	《关于制止农村劳动力盲目外流的紧急通知》	中共中央、国务院	意在进一步加强限制农村人口进入城市，严格限制农民流向城市，为在城市设立围堵进城农民、设立遣送收容遣送制度创造了条件
1961年6月	《关于减少城镇人口和压缩城镇粮销量的九条办法》	中共中央	要求三年内城镇人口减少2000万，实际减少了1880多万；意在缓解庞大的中国人口的吃粮问题，同时为了敦促部分工人回乡加强农业生产，是逆城市化的具体政策措施
1961年11月	《关于制止人口自由流动的报告》	公安部	决定在大中城市设立"收容遣送站"，将盲目流入城市的人员收容并遣送回原籍；遣送制度正式建立
1962年12月	《关于加强户口管理工作的意见》	公安部	规定对由农村迁往城市的人口进行严格控制，不控制城市迁往农村，准许城市间必要迁移、适当控制由小城市迁往大城市，并由此开始彰显按城市大小划分城市户籍的等级的社会意识
1963年	人口统计	公安部	依据是否吃国家计划供应的商品粮，将户口划分为"农业户口"和"非农业户口"，此措施进一步提升了非农业户口的社会地位
1964年8月	《公安部关于处理户口迁移的规定（草案）》	国务院	该文件体现对户口从农村迁往城市、集镇的要严加限制的基本精神；此规定彻底堵住了农村人口迁往城镇的大门
1975年1月	《中华人民共和国宪法（修正案）》	人大常委会	该修订案取消了关于公民迁徙自由权利的条文；从而使行为与法律相一致，从而为城乡二元式户籍制度消除了最后的障碍
1977年11月	《公安部关于户口迁移的规定》	国务院	规定要严加控制由农业人口转为非农业人口及从其他市迁往北京、上海、天津三市，并对其他的户口由镇向小城市、由中小城市向大中城市迁移应当控制，意在进一步强化"农转非"控制理念，同时也进一步强化了按城市大小划分城市户籍的社会等级的社会意识

续表

时间	政策名称	发布部门	内容与意义分析
1977年11月	《公安部关于处理户口迁移的规定》	国务院	提出"严格控制市、镇人口,是党在社会主义时期的一项重要政策"。该规定进一步强调要严格控制农村人口进入城镇,第一次正式提出严格控制"农转非"
1977年11月	《关于认真贯彻〈国务院批转"公安部关于处理户口迁移的规定"的通知〉的意见》	公安部	规定了"农转非"的内部控制指标,即每年从农村迁入市镇的"农转非"人数不得超过现有非农业人口的1.5‰,从而使城市户籍成为稀缺的社会资源,进一步巩固了城市户籍优越于农村户籍的社会地位

通过表1-2可以看出,此20年是中国户籍制度、户籍社会身份与地位划分、人口流动的精细化管理实践的20年,这20年来,中国的城市水平停滞不前甚至出现了倒退。1959年中国城市化水平为18.4%,1978年为17.9%,在20年时间内,中国城市化水平降低了0.5%,而同期全球城镇化水平提高了10%左右;在城乡分割的二元户籍制度正式形成和不断完善,公民的居住和迁徙自由被人为地从《宪法》中取消,全体公民被人为地划分为难以逾越的"农业户口"和"非农业户口",城乡壁垒日益森严。

通过20年的各类政策的强化,户籍制度开始附着了更多的社会治理与利益分配职能,从而使户籍制度的人口登记职能的主体地位开始迷失,从而正式从意识形态、政策与制度体系、地域与生活方式等方面筑成了厚重的城乡二元户籍的"隔离墙",城乡户籍的二元社会结构逐步形成和凝固化。

三 第三阶段(1978—1991年):"由严管到抑制"的户籍改革松动破土阶段

1978年中共十一届三中全会后,中国开始了市场化导向的改革过程。市场化对资源配置方式转变及要素流动性的要求促使一系列制度因素开始发生变动。市场在资源配置中的作用越来越强,计划体制下有助于控制人口流动的一些配套制度如粮食供应制度、劳动用工制度、干部人事制度、社会保障制度等均发生了重大变化,为公民的自由迁移创造了必要条件。地区之间的发展差异同时构成公民迁移的主要动因,人口流动越来越成为常态。但户籍管理制度并没有发生同步变革,尽管在其他配套制度不断松动的情况下,户籍制度已不能在绝对意义上限制人口和劳动力的迁移,但它使农村到城市的流动人口和劳动力无法同时迁移户口、改变户口性质并享受与迁入地居民同等的福利待遇,造成人口和劳动力流动的不彻底及流动过程中种种不公平现象,并进而引发大量社会矛盾甚至冲突,导致新的社会问题产生。

为应对这些问题及推进市场化改革的顺利进行、使人力资源要素得到更有效配置,各级政府部门对户籍制度改革也一直在不断探索。一些限制户口迁移的规定开始有不同程度的松动,有些地区放宽了落户限制、有些地区开始尝试统一城乡户口登记。不过,由于长期城乡分割造成的城乡发展不平衡以及地区发展的不均衡,导致不同性质、不同地区的户口附加着截然不同的功能和利益,在造就矛盾的同时也造就了一大批既得利益者,构成城乡户籍制度改革的阻碍力量,从而使改革复杂。总体来说,改革开放后的户籍改革,是在经济体系改革的强烈推动下、以适应经济与社会发展需要而进行的被动改革。在此阶段,中国的户籍管理政策与思想也经历了由严管到抑制、由抑制到引导、由引导到推动三个阶段。

在此阶段,由于全国知识青年大返城,一千多万落户农村、边疆的知识青年蜂拥回城,并且,改革开放促进了城市经济的发展,城市经济的快速发展创造了大量的就业、致富的机会,城乡收入差距进一步扩大,同时城市的劳动力人口不足以满足经济快速增长,从而吸引了大批农村人口涌向经济活跃的大中城市。在此期间,中国大中城市的整体规划与基础设施建设也落后于经济发展,大批农村人口涌向城市后,造成城市承载能力的不足,造成了一系列的社会问题。

在此时期,完全限制人口流动管理模式已经不能适应中国经济与社会发展需要。但是,农村人口涌向城市有一定的盲目性,同时城市承载能力不足问题突出,户籍政策由严格控制户籍身份转换与管控人口流动阶段，转向有条件允许"农转非"身份转换、有条件容纳流动人口阶段。人口管理政策理念重心也由"管控"逐步转向"服务"，户籍政策正在尝试着朝着人口信息登记与人口服务两大原始职能回归。

四 第四阶段（1992—2003年）：户籍改革小范围试点与尝试阶段

1993年6月，国务院颁布了《国务院关于户籍制度改革的决定》征求意见稿，正式指出现有户籍制度的弊端，提出户籍制度改革的必要性、指导思想、目标和具体步骤等方面的内容；户籍改革从小城镇户籍试点开始，到逐步放宽夫妻分居、投靠子女、城市投资、兴办实业、购买商品房等有条件落户，户籍制度松动的范围扩大到所有的城市。到2003年8月《城市流浪乞讨人员收容遣送办法》被废止，取而代之的是《城市生活无着的流浪乞讨人员救助管理办法》，这是一项城市社会管理与户籍制度脱钩的重要举措，人口服务的理念在"孙志刚事件"的推动下开始萌芽。随后，公安部公布的三十项便民、利民措施中，有七项是关于户籍制度的，户籍制度走向全面松动。同年，教育部等多个部门联合颁布了《关于进一步做好进城务工就业农民子女义务教育工作意见》，推进了中国的教育机会公平的实现进程，为流动人口的子女上学提供了均等的机会，是剥离户籍制度上承载的福利改革，从而有利于户籍管理回归于人口登记与服务理念。

五 第五阶段（2004年至今）：户籍改革全面推进阶段（逐步破除户籍制度坚冰）

自2004年开始，国务院等多个政府职能部门颁布了关于改善农民进城就业环境、推进参加医疗保险全覆盖、逐步取消农业非农业户口的界限、探索建立城乡统一的户口登记管理制度、以合法居所为基本落户条件逐步放宽大中城市的户口迁移限制等多个文件，从政策上引导各级政府加快户籍制度的改革；2007年，公安部副部长张晓枫在召开的中央社会治安综合治理委员会第二次会议上介绍了《中央社会治安综合治理委员会关于进一步加强流动人口的服务与管理意见（审议稿）》，提出将建立以子女入学、逐步放宽落户条件，改善流动人口居住条件（推动集体宿舍的建设）、完善全民的社会养老、医疗与工伤等基本保障,逐步加强对流动人口的卫生医疗与计划生育免费服务力度,推动农村留守儿童的社会关爱,提高流动人口的社会救助服务效率与质量等社会福利均等化的社会综合治理措施。同时,大力推进以建立城乡统一的户口登记制度为重点的户籍管理制度,逐步取消农业户口、非农业户口的二元户口性质。

表1-3为改革开放之后中国户籍制度沿革的相关政策及主要内容描述与意义分析。

表1-3　　　　1979—2016年中国户籍政策概览

时间	政策名称	发布部门	内容与意义分析
1979年6月	《关于严格控制农业人口转为非农业人口的意见的报告》	国务院转批公安部、粮食部	严格控制从农村招工,清理企业、事业单位使用的农村劳动力,加强户口和粮食管理,此举意在解决城市粮食供应不足问题
1982年5月	《城市流浪乞讨人员收容遣送法》	国务院	在大城市、中等城市、开放城市和其他交通要道流浪乞讨人员多的地方,设立"收容遣送站",对从农村流入城市进行乞讨、城市居民流浪街头等人员予以收容、遣送;该措施目的在于抑制超过城市吸纳能力的农村人口进城
1984年10月	《关于农民进入集镇落户问题的通知》	国务院	规定凡在集镇务工、经商、办服务业的农民和家属,在集镇有固定住所,有经营能力,或在乡镇企事业单位长期务工,准落常住户口,口粮自理。在该时期,中国乡镇企业得以迅猛发展,镇级"农转非"户籍管理的逐步放开是改革开放后户改革的第一步,是城乡二元割据的户籍壁垒上打开了缺口
1985年7月	《关于城镇暂住人口管理的暂行规定》	公安部	决定对流动人口实行《暂住证》《寄住证》制度,允许暂住人口在城镇居留。这些规定对《中华人民共和国户口登记条例》中关于超过三个月以上的暂住人口要求办理迁移手续或动员其返回常住地的条款作了实质性的变动,是从以户为主走向以人为主的管理模式,是从户籍管理制度走向人口管理的开端

第一章 中国户籍制度发展的历史逻辑 | 13

续表

时间	政策名称	发布部门	内容与意义分析
1985年9月	《中华人民共和国居民身份证条例》	全国人大常委会	规定凡16岁以上的中华人民共和国公民，均须申领居民身份证，为流动人口的管理及推行人口管理的现代化理念打下基础
1989年10月	《关于严格控制"农转非"过快增长的通知》	国务院	要求各地政府必须加强对"农转非"的宏观管理，使其增长速度和规模与国民经济的发展相适应
1991年5月	《关于收容遣送工作改革问题的意见》	国务院	将收容对象扩大到"无合法证件、无固定依据、无稳定经济来源"的"三无"人员，在执行中，"三证"往往变成身份证、暂住证、务工证，三证缺一不可
1992年8月	公安部发出的通知	公安部	决定在小城镇、经济特区、经济开发区、高新技术产业开发区实行当地有效城镇户口制度，以解决要求进入城镇落户的农民过多与全国统一的计划进城指标过少之间的矛盾。户籍改革的试点已经从集镇扩大到小城镇，试点范围进一步扩大
1993年6月	《国务院关于户籍制度改革的决定（征求意见稿）》	国务院	征求意见稿指出现有户籍制度的弊端，提出户籍制度改革的必要性、指导思想、目标和具体步骤等方面的内容
1997年6月	《关于小城镇户籍管理制度改革的试点方案》		已在小城镇就业、居住并符合一定条件的农村人口，可以在小城镇办理城镇常住户口；该政策将之前试点针对小城镇的户籍改革方案试点正式转化为固定政策
1998年7月	《关于当前户籍管理中的几个突出问题的意见》		实行婴儿随父随母自愿的政策；放宽解决夫妻分居问题的户口政策；投靠子女的老人可以在城市落户；在城市投资、兴办实业、购买商品房的公民及其共同居住的直系亲属，符合一定条件可以落户，户籍制度松动的范围扩大到所有的城市
2001年3月	《关于推进小城镇户籍管理制度改革的意见》		在总结试点工作经验的基础上，要求各地全面部署小城镇户籍管理制度改革工作，小城镇户籍制度改革开始全面推进

续表

时间	政策名称	发布部门	内容与意义分析
2003年8月	《城市生活无着的流浪乞讨人员救助管理办法》	国务院	这是一项城市社会管理与户籍制度脱钩的重要举措，人口服务的理念在"孙志刚事件"的推动下开始萌芽
2003年	三十项便民措施	公安部	公布的三十项便民、利民措施中，有七项是关于户籍制度的，户籍制度走向全面松动，标志着中国的人口政策由严格管控走向人口服务
2003年	《关于进一步做好进城务工就业农民子女义务教育工作的意见》	教育部等部门	该项措施促进了中国的教育机会公平，为流动人口的子女上学提供了均等的机会，是剥离户籍制度上承载的福利的改革，从而有利于户籍管理回归于人口登记与服务理念
2004年2月	《关于进一步做好改善农民进城就业环境工作的通知》	国务院	要求所有大中型城市放宽农民就业和落户条件并推进大中城市户籍制度改革；这项通知的出台标明了中国户籍制度改革从集镇到小城镇、从小城镇到大中城市的全国范围内的各类城市的全面推动正式启动
2004年5月	《关于推进混合所有制企业和非公有制经济组织从业人员参加医疗保险的意见》	劳动保障部	要求逐步将与用人单位形成劳动关系的农村进城务工人员纳入医疗保障范围；该项措施使流动人口与户籍人口的福利均等化迈进了一大步，从而为剥离户籍上各项福利进一步打下基础
2005年10月		公安部	提出抓紧研究取消农业、非农业户口的界限，探索建立城乡统一的户口登记管理制度，同时，以合法居所为基本落户条件，逐步放宽大中城市的户口迁移限制
2006年	户籍改革工作综合调研	国务院	国务院组织14个部门组成6个调研组，对户籍改革工作进行了综合调研，调研结果表明，当前进一步深化户籍制度改革，已经具备了很多的有利条件，时机基本成熟

续表

时间	政策名称	发布部门	内容与意义分析
2006年	《国务院关于解决农民工问题的若干意见》	国务院	涉及农民工工资、就业、技能培训、劳动保护、社会保障、公共管理和服务、户籍管理制度改革、土地承包权益等各个方面
2007年	《中央社会治安综合治理委员会关于进一步加强流动人口的服务与管理工作的意见（审议稿）》	公安部	建立以子女入学、逐步放宽落户条件，改善流动人口居住条件（推动集体宿舍的建设），完善全民的社会养老、医疗与工伤等基本保障，逐步加强对流动人口的卫生医疗与计划生育免费服务力度，推动农村留守儿童的社会关爱，提高流动人口的社会救助服务效率与质量等社会福利均等化的社会综合治理措施。同时，大力推进以建立城乡统一的户口登记制度为重点的户籍管理制度；逐步取消农业户口、非农业户口的二元户口性质
2007年8月	《中华人民共和国就业促进法》	人大常委会	农村劳动者进城就业享有与城镇劳动者平等的劳动权利，不得对农村劳动者进城就业设置歧视性限制
2007年	《就业服务与就业管理规定》	劳动和社会保障部	其中明确规定农村劳动者进城就业享有与城镇劳动者平等的就业权利，不得对农村劳动者进城就业设置歧视性限制
2011年7月1日	《中华人民共和国社会保险法》	十一届全国人民代表大会第十七次会议	从法律的高度明确社会保障是全民性权利与义务，使地方保护性的法规与条例失去法律效应，从而推动了全民性的社会基本保障进程；该法明确规定农民工也需依照本法规定参加社会保险，同时要求按照国务院规定将被征地农民纳入相应的社会保险制度
2012年2月	《国务院办公厅关于积极稳妥推进户籍管理制度改革的通知》	国务院	要引导非农产业和农村人口有序向中小城市和建制镇转移，逐步满足符合条件的农村人口落户需求，逐步实现城乡基本公共服务均等化

续表

时间	政策名称	发布部门	内容与意义分析
2013年11月	《中共中央关于全面深化改革若干重大问题的决定》	中共十八届三中全会	推进农业转移人口市民化，逐步把符合条件的农业转移人口转为城镇居民。创新人口管理，加快户籍制度改革，全面放开建制镇和小城市落户限制，有序放开中等城市落户限制，合理确定大城市落户条件，严格控制特大城市人口规模。稳步推进城镇基本公共服务常住人口全覆盖，把进城落户农民完全纳入城镇住房和社会保障体系，在农村参加的养老保险和医疗保险规范纳入城镇社保体系
2014年3月16日	《国家新型城镇规划（2014—2020年）》	国务院	各类城镇要健全农业转移人口落户制度，根据综合承载能力和发展潜力，以就业年限、居住年限、城镇社会保险参保年限等为基准条件，因地制宜制定具体的农业转移人口落户标准，并向全社会公布，引导农业转移人口在城镇落户的预期和选择。同时，建立居住证制度作为创新人口管理的一项重要举措提出了明确要求
2014年7月30日	《国务院关于进一步推进户籍制度改革的意见》	国务院	意见规定，要进一步调整户口迁移政策，统一城乡户口登记制度，全面实施居住证制度，加快建设和共享国家人口基础信息库，稳步推进义务教育、就业服务、基本养老、基本医疗卫生、住房保障等城镇基本公共服务覆盖全部常住人口
2015年2月15日	《关于全面深化公安改革若干重大问题的框架意见》及相关改革方案	国务院	本次改革提出，扎实推进户籍制度改革，取消暂住证制度，全面实施居住证制度，建立健全与居住年限等条件相挂钩的基本公共服务提供机制。取消了暂住证制度，全面实施居住证制度，这一举措被称为"革命性的改变"
2016年1月1日	《居住证暂行条例》	国务院	居住证是持证人在居住地居住、作为常住人口享受基本公共服务和便利、申请登记常住户口的证明；公民离开常住户口所在地，到其他城市居住半年以上，符合有合法稳定就业、合法稳定住所、连续就读条件之一的，可以依照本《条例》的规定申领居住证。居住证持有人通过积分落户制度等方式申请登记常住户口的衔接通道，并明确了各类城市确定落户条件的标准

续表

时间	政策名称	发布部门	内容与意义分析
2016年1月3日	《关于整合城乡居民基本医疗保险制度的意见》	国务院	提出整合城镇居民基本医疗保险和新型农村合作医疗两项制度，建立统一的城乡居民基本医疗保险制度。这一制度的贯彻落实，将在基本医疗保险制度上打破城乡二元化结构，实现城乡居民参加基本医疗保险身份上的公平统一，在实现城乡基本公共服务均等化方面迈出了坚实的一步
2016年9月19日	《进一步推进户籍制度改革的实施意见》	北京市	将取消农业户口和非农业户口性质区分，统一登记为居民户口，并建立与统一城乡户口登记制度相适应的教育、卫生计生、就业、社保、住房、土地及人口统计制度。2016年9月，北京公布户籍制度改革意见，全国已出台户籍制度改革方案的省份达到30个

在2004年以后，各级地方政府都开始了诸多积极的尝试，既有采取居住证模式、积分入户模式、"一刀切"的大胆创新模式，也有采取逐步推进的重庆、成都模式，为我国户籍制度改革的全面推进提供了宝贵经验。

对改革开放之后的中国户籍政策的内容进行分析可以得出以下结论：

（1）从政策的适应性与引导性方面，中国的户籍政策由前期被动适应到逐步主动改革阶段；从政策变革的方向看，变革着眼于剥离附着在户籍上的福利、回归户籍管理的原始职能、打破城乡二元格局、推动社会平等。具体方面，从政策的性质变革来看，城乡户籍政策的相关变动逐步由规章、条例、措施方案确定为基本的法律条款；从维护公民的权利方面，国家户籍政策的一步步变更和完善在逐步由限制农民权利到充分尊重农民的自由迁移权利；从政策制定和实施的可行性方面，政策逐步走向合法化，根据社会的实地调研确定我国的户籍制度改革必要性。

（2）从推进的时间来看，可以将改革开放之后40年的户籍改革历程分为1978年到1991年的人口流动管理控制阶段，主要表现特征是为了解决粮食问题而严格控制企事业单位招收农民工、通过收容和遣送的办法抑制农村人口进城、户籍政策逐步由抑制转向人口管理、试点"农转非"进行宏观管理促进与经济社会发展相协调。1992—2003年的户籍改革小范围试点与尝试阶段,此阶段的户籍制度改革的特征主要是逐步将承载户籍制度上的社会福利进行剥离,社会管理与户籍制度的脱钩标志着户籍制度开始回归人口登记和服务理念,同时,符合条件的农村人口可以办理城镇常住人口政策的确定为农村人口进城提供一定的权利保障。2004年至今的户籍改革全面推进阶段,社会经济的发展对户籍制度改革提出了更为严峻的要求,国家逐步确定用人单位需要将农民纳入医疗保障的范围、取消农与非农的界限、确保农民与城镇劳动者拥有平等的劳动权利,对于农民工来说取消暂住证制度的"革命性改变"、建立健全与居住年限等条件相挂钩的基本公共服务为农村人口向城镇转移提供了基本的服务保障。

（3）从户籍改革的推进过程来看,中国的户籍改革是从最接近于农村的集镇开始,逐步向中小城市,最后到大城市的过程;从户籍政策实施理念看,逐步从人口管控的管理理念转向以人为本的人口服务理念;从政策的调整方式来看,对户籍政策的调整逐步由渐进式调整转变为突破式的推进。

第三节　当前户籍制度改革问题的主要观点

户籍制度改革不仅为消除广大外出农民工的身份差别、享受与城市居民同样的基本公共服务扫清了制度性障碍,而且与其他方面改革相配套,通过统筹推进户籍制度改革和基本公共服务均等化,为所有农民实现与城市居民享受均等化的基本公共服务奠定了基础。但是,日益强烈的改革需求与成效甚微的改革实践之间的巨大落差,构成当前户籍制度改革的现实困境。从理性视角审视我国户籍制度改革中的关键举措与主要特征,可以发现,现存困境的内在原因是政府改革取向中强势工具理性对价值理性的遮蔽,导致理性关系失衡,从而使改革中手段与目的、效率与公平、经济增长与社会发展等价值割裂。在实践层面上,具体表现为差别待遇与公民平等权的冲突、有限流动与统一市场的矛盾、常住人口与户籍城镇化的落差。突破当前户籍制度改革困境，要超越工具理性主导，重塑和彰显价值理性，保持政府工具理性与价值理性的合理张力，协调改革成本与收益、均衡效率与公平、统一表征与本质。

一 主张取消城乡户口差别、保证公民自由迁移的权利

这种观点在几年前"农民工"问题开始进入人们视野时曾广受追捧。观点认为，农民工在城市中工作差、待遇低、不能迁移户口、不能享受与市民相同的待遇、每年都需要不停往返于工作地和居住地之间且备受歧视，造成了中国特有的"农民工"问题，体现了社会的不公平。而这一切问题的根源都在于限制户口迁移户籍管理制度，只有抛弃这种制度，社会才能重拾公平，中国城市化过程才能更加顺利地进行。这一观点，从"社会正义"的角度出发，代表了因户籍制度遭受不平等待遇的群体利益，曾获得各类群体的广泛支持，也曾成为一些政府部门坚定的改革目标。但在后来的改革实践中，人们越来越意识到，由于户籍制度涉及面广、影响力大、形成的改革阻力也大，这种近似于"休克疗法"的改革主张一旦实施会带来难以预料的社会和经济影响，因而在实践中并没有得到实质性贯彻，在理论上也开始探讨另外的可行性。

二 主张"回归户籍本身、剥离户籍福利、实现福利均等"[①]

这一观点承认取消城乡户籍差异面对的困难，从另一个角度提出了解决城乡户籍问题的思路。观点认为，2004年以来，中国户籍制度的改革步伐明显加快，一方面，迄今全国已有13个省、自治区、直辖市取消了农业、非农业二元户口划分，统一了城乡户口登记制度；另一方面，很多城市进一步放宽落户条件，对亲属投靠、投资、购房、急需人才等规定了相对宽松的落户条件。不过改革过程也遇到了很多阻力，最突出的问题就在于，由于户口福利差异的存在，当户籍登记归类方式发生改变或落户条件放宽之后，现行的城市财政体制和公共服务体制却因负担太重而无法应对，结果是户籍登记方式的改变没能产生实质内容的变化，落户条件的放宽也常因地方财力的限制而陷入尴尬。但户籍制度

---

① 蔡昉：《劳动力市场制度建设》，2008年工作论文。

改革的探索并未因此陷入停滞,各级政府越来越意识到户籍制度改革的实质不在于入籍条件是否放宽,而在于户籍身份是否与福利内容相分离,而当前与户籍身份捆绑在一起的种种福利因素,如社会保障、社会保护、教育、公共卫生等公共服务领域都处在改革过程中。如果将户籍制度改革与这些领域的改革相结合,形成一种相互补充、相互促进的关系,既有助于政策调整和制度改革的推进,也抓住了改革的实质内容。同时,劳动力市场环境的逐步改善,也是以剥离福利因素为主要内容的户籍制度改革的契机之一。

上述分析从宏观上准确把握了户籍制度及其改革的本质,指出了户籍制度改革的大致思路,同样持类似观点的王太元则从另一个角度提出了更具可操作化的建议,"全盘统筹,分进合击,稳步推进,更加和谐",即要求各种户籍福利因素相关部门先行改革,"它们改得越快,附加在户口上的利益就会越少,户口管理制度改革也就越快"。[①]

三 主张逐步推进外来人口落户

这一观点是结合了我国当前城市化水平、城市发展现状和户籍制度改革现状,从改革的操作层面提出的。国家发改委秘书长杨伟民认为,"在城市化过程中应该对农民工实行保留户籍、总量控制、放宽条件、逐步推进的方式","考虑到实际操作的可行性,要维持现有户籍制度和公共服务制度,采取放宽落户条件的方式逐步解决。所谓'逐步推进'就是对于符合条件的,可以第一年发给暂住证,第三年发给蓝印户口,第五年发给正式户口,这样既给进城农民工实现在城市定居的希望,又兼顾了城市的承受能力,使农民能够有序落户"。[②] 这一观点主要针对我国当前户籍管理制度中"一次性落户"的特点、借鉴了一些西方发达国家"绿卡"制度或永久居民身份等制度的特征,"逐步推进"即通过逐步给予不同级别的"准户口"使外来人口分阶段获得本地居民待遇,直至完全等同于本地居民并获得正式户口。

这一观点提出了从二元户籍分割到户籍统一之间的一个过渡地带,

---

① 《王太元:十年内改掉户籍歧视》,《新京报》2010年2月21日。
② 《发改委官员建议保留城乡户籍》,《楚天都市报》2010年9月23日。

兼顾了人口压力较大地区本地政府与外来人口的利益，与当前的"符合条件一次性落户"相比，具有更广泛的适应性。

第四节 各地户籍制度改革实践

从上节探讨的关于户籍制度改革的三个观点中可以看出，现行的户籍改革集中在农村城镇化过程中的农转非和外来人口接纳两种内容的改革。农村城镇化过程中的"农转非"，一般都是就地安置，没有跨区域的迁转。而流动人口的接纳一般是以城市为主体，对非行政区域内的户籍人口进行接纳与服务的过程。从形式上表现为户籍迁转与户籍转化两种形式的改革。

"上述改革观点针对的是宏观改革，具体到一个地区，要从两个方面考虑改革问题，一为户籍迁转，一为户籍转化。"现行的户籍制度改革其实质就是城市化过程中的农转非户籍转化和外来人口接纳的户籍迁移。原有户籍制度体现的是基本公共服务供给方面的城乡二元结构，流动人口进入城镇使户籍制度的改革势在必行。在国家户籍改革政策指导下，地方根据实际情况分别探索不同的户籍改革模式。取消农业户口，实施差别化落户政策，建立居住证制度，户籍制度改革进入快车道，为流动人口享受城市居民同等公共服务扫清制度性障碍。户籍制度改革为城乡一体化发展战略提供坚实依托，推进城乡基本公共服务均等化，必须改变生产要素和优质公共资源的配置状况。户籍制度改革不仅为消除广大外出农民工的身份差别、享受与城市居民同样的基本公共服务扫清了制度性障碍，而且与其他方面改革相配套，通过统筹推进户籍制度改革和基本公共服务均等化，为所有农民实现与城市居民享受均等化的基本公共服务奠定了基础。

在户籍迁移和农村城镇化户籍的"农转非"两个方面的改革中，有很多地方性的创新模式值得总结与研究。

一 农村城镇化进程的"农转非"改革典型模式

在学者不断对城乡户籍问题进行思考、提出看法的同时，各级政府也在实践中不断探索应对这一问题的方法，提出多种措施来改变城乡户籍二元分隔的状态。实践中解决这一问题的典型模式在农村城镇化的户籍转化过程中主要有如下几种：

（一）浙江宁波模式

浙江宁波的城乡户籍制度改革始自2000年的奉化市，当时市区人口仅8万人的奉化在宁波属于经济落后地区，作为全国第一批县级市，奉化2000年财政收入仅4.3亿元，是邻县的一半，在宁波南部三县市中排名最后。当时的政府领导认为，奉化市人口长期维持在8万人左右，人口不旺，是造成经济落后的原因之一，户籍壁垒，又是人口难以稳定增长的重要原因。2000年，奉化有2万左右从土地上解放出来、进入城区工作的农民，占该市居民的1/4。但由于二元户籍的限制，这一不拥有当地户籍的群体具有潜在不稳定性。拆除户籍壁垒、吸引人口稳定在市区居住和工作、促进经济发展，是政府领导考虑户籍改革的主要思路。

在户改的具体措施上，奉化市也摒弃了之前一些地区"土地与城市户口必择其一"的方式，实现了一些新的突破。包括"农转非"后已是市民的农民原有土地承包权仍然三十年不变，计划生育在三年时间内仍然按农村可生二胎的政策施行；建城区农民无条件农转非；购商品房即入户且二手房也可以，面积大小不限；有合法固定住所与稳定收入来源即可入户，固定住所既可以是私房，也可以是从单位长期租房，租房管所的房子不包括在内；投资入户、人才入户出具人事局、劳动局证明即可；自建房5年以上或有工商营业执照五年，签订劳动合同五年以上均可入户；所有大中专毕业生，包括自学考试和电大生均可入户等。

这一模式是中小城市、城镇城乡户籍制度改革的典型代表，一般表现为政府在城市化压力、政策压力、吸引人口动力等合力之下的主动作为。由于小城市、城镇户口的附加利益较少，户口吸引力也远低于大中城市，放开落户限制不会给城市发展、城市财政带来更多不利影响，反而有利于人口的稳定和经济社会的全面发展，因而随后几年中，这一改革方式在众多小城市、小城镇得到迅速扩展。

（二）13省模式

从2003年开始，我国先后有河北、辽宁、江苏、浙江、福建、山东、湖北、湖南、广西、重庆、四川、陕西、云南13个省份宣布在辖区内取消城乡户口性质差别，统一登记为本地居民户口。

这些举措曾一度引起广泛关注。但观察发现，这些省域内统一城乡户口性质的做法并没有太多实质性改进，名义上统一为居民户口，实际上还是把居民划分为城镇居民和农村居民，在福利待遇、兵役、教育等社会政策上进行区别对待。并没有彻底解决城乡居民的分隔问题，居民在省域内流动也不能自动获得流入地户口，原户籍制度中的问题依然存在。也有一些地区，在户口性质统一后重新划分城镇居民和农村居民的标准与原来有所不同，造成部分居民的利益损失，引发了一些新的矛盾和问题。因此，我们只能说这些改革是中国城乡户籍制度改革中的大胆尝试，却很难认定它们能够作为城乡户籍制度改革的成功典范加以推广和普及。

（三）深圳模式

深圳市是最早实行城乡户籍统一的大城市。早在 1992 年实现特区内一次性"农转非"后，又在 2003 年，深圳市在经过了县改区十年的发展之后，认为辖区内农村全面城市化的时机已经成熟，提出将特区外的 18 个镇、218 个行政村全面转为城市体制，将剩余的 956 平方千米的全部农村集体土地全部转为国有，同时 27 万村民全部转变为城市居民。经过两年的努力，至 2005 年，这项工作全面完成。与 13 省实施的城乡户籍统一登记相比，深圳市的城乡户籍改革更为彻底，乡转城后，"新市民"获得的待遇与原市民完全相同。不过，深圳市城乡户籍改革的特殊性也非常突出，使这一模式难以被其他地区借鉴和复制。一方面，深圳市推进这项改革是与其他城市化措施共同进行的。经过成立特区之后的多年扩张，深圳城市建设用地越来越紧张，"一揽子"改革措施的关键主要在于通过农村集体用地的国有化缓解这一矛盾。深圳市较低的农村规模比例及当时法律规定的模糊性使这种改革方式成为迄今为止唯一的特例。另一方面，较小的农村规模也极大地降低了改革的财政成本，深圳市雄厚的经济实力支撑了这一改革过程的顺利进行，这都是其他地区难以效仿的。

（四）重庆模式

2007 年，重庆和成都经批准成为全国统筹城乡综合配套改革试验区，探索城乡统筹发展之路，其中，对人口的安排、城乡户籍问题的解决是不可逾越的任务。经过几年的努力,如今,两个地区都已经进入对户籍进行实质性改革的阶段。

重庆的全面户籍改革从 2010 年 8 月正式启动,计划从有条件的农民工及新生代农民工入手,力争到 2012 年新增城镇户籍人口 300 万人,之后进一步放宽城镇准入条件,争取到 2020 年新增城镇居民 700 万人。重庆市的本次户改有几个特点值得注意:一是做了充足的准备工作,户改前重庆市的城乡统筹综合配套改革已进行了 3 年,使户改成为整体统筹工作中水到渠成的一部分。二是从解决历史遗留问题入手,在解决问题的同时不致造成新的矛盾。本次户改首先针对的是那些在城市生活多年、有生活基础、需要通过户改承认其生存状态的农民工,以及 1982 年以来全市已用地未转非人员、大中型水利水电工程建设失地未转非人员、城中村未转非人员和农村集中供养"五保"对象。三是改革彻底,上述户改对象户口转非后可以立即享有与城市居民同等的各项待遇。四是对户改对象在农村的土地权益给予了一定程度的尊重,允许转户居民在户口转移后三年内继续保留宅基地、承包地的使用权及收益权,退出这些权益给予相应补偿。

二 迁移改革

公安部早在 1998 年出台的《关于解决当前户口管理工作中几个突出问题的意见》,就提出了"在城市投资、兴办实业、购买商品房的公民及随其共同居住的直系亲属,凡在城市有合法固定的住所、合法稳定的职业或者生活来源,已居住一定年限并符合当地政府有关规定的,可准予在该城市落户"的建议①。因为人口的流动跨越了地方行政区域,资源的统筹与供给成为制约城市接纳流动人口的主要因素,因此,户籍迁移改革涉及的面更为广泛,远比农村城镇化改革道路中"农转非"的改革难度要大得多,道路也更漫长。从 1992 年最早的蓝印户口出现,一直到 2018 年 5 月全国 20 多个城市掀起的"抢人大战"背后的户籍管理功能逐步由社会管理转向社会服务。中国有部分城市也做出了一些尝试与创新,典型的模式表现如下:

---

① 公安部:《关于解决当前户口管理工作中几个突出问题的意见》,1998 年 6 月 23 日。

(一) 1992—2000 年：以上海为代表的"蓝印户口"模式

蓝印户口，是介于正式户口与暂住户口之间的一种户籍，因公安机关加盖的蓝色印章，而被称为蓝印户口。主要由当地政府为吸引社会优质资源，对投资者、购房者或者"引进人才"等外地人给予的优惠待遇。拥有者基本上可以享受正式户口的利益，经过一定时期后，可以转变为正式户口。最早的蓝印户口出现在 1992 年左右，开始时以中小城市居多。1993 年 12 月，上海开始办理蓝印户口。在 1994 年以后，深圳、广州等大城市也开始办理蓝印户口，蓝印户口成为当地政府掠夺社会优势资源的手段。持蓝印户口者，在入托、入园和义务教育阶段的入学、申领营业执照、安装煤气和电话等方面享受本市常住户口的同等待遇。蓝印户口不是常住户口，取得蓝印户口者，每年须进行年检，不符合年检的，公安局给予注销。而蓝印户口在转为常住户口前，原所在地常住户口并不注销。2000 年之后，蓝印户口在各地逐步被叫停，渐渐退出历史舞台。

(二) 2003—2004 年：郑州的"一元制"模式

郑州市在 2003 年宣布，流动入户政策完全放开、允许外地人员以"投亲靠友"等方式办理户口迁入，郑州取消了"农业户口""暂住户口""小城镇户口""非农业户口"，实行"一元制"户口管理模式，统称为"郑州居民户口"。同时规定了更加宽泛的入户政策，其中"凡与郑州市企事业单位签订劳动合同，并交纳社会统筹金的人员，可办理迁郑户口"，将郑州市区户口门槛彻底打破。郑州市也因其大胆的改革力度被媒体形容为中国户籍改革的"先行者"，但在 2004 年后，人口的迅速增加致使城市交通拥挤、教育资源急剧紧张、社会保障部门压力增大、治安和刑事案件增加、城市治安压力加大、人口增加后患病人员增加将给医疗行业带来压力等城市资源配套问题全面出现，郑州的"户籍新政"被迫紧急"叫停"。从郑州的户籍改革实践中，可以看出，户籍改革的"一元制"模式并不可取。

(三) 2008 年至今：以深圳为代表的居住证模式

最早的居住证只是为了取代暂住证而产生的一个替代品，但从 2008 年开始，深圳等十多个城市先后开始取消外来人口的暂住证，进而更换为居住证。持有居住证的流动人口可以部分享受当地常住人口的福利，其中深圳的居住证附加的福利最多，也最具代表性。深圳居住证管理制度体现了四个方面的特色功能：一是流动人口服务功能。持证人员在深工作和生活可享受一系列便利服务，包括其子女能够在深圳接受义务教育等。二是使用功能，居住证设置了一证多用功能，实施后将逐步增加劳动社保、计生、教育、金融服务等多项政府行政管理和公共服务内容，为实现流动人口与常住人口福利均等化打下了坚实的基础。除此之外，深圳市政府要求政府职能部门和事业单位提供使用保障外，同时还鼓励其他社会公共服务机构和商业服务组织以居住证为依据，提供更多社会福利与便利。三是动态管理功能。居住证实行信息化管理，卡面包含姓名等可视信息，卡内芯片还包含从业状况、社会保险、诚信和违法行为记录等机读信息，使居住证具有实现信息化跟踪管理的功能。四是以房管人和以证管人相结合的功能，实施以居住地为人口管理与服务的基础，从之前的人口的属地管理走向居住地管理。

居住证的实施，为流动人口的管理、户籍的转化提供了一种全新思路，也促进了政府部门对人口管理的理念从人口管控走向人口服务。

（四）2007—2018 年：中山市的积分入户模式

从 2007 年起，中山市就先后在小榄镇、火炬开发区、东升镇三个镇区开展流动人员子女凭积分入读公办学校试点，在 2009 年推广到全市。中山市的积分制管理坚持"总量控制、统筹兼顾、分类管理、分区排名"原则。"总量控制"就是在人口、资源等的承载能力范围内科学调控；"统筹兼顾"就是综合考虑经济能力、人员素质、社会管理、发展需求等指标，科学进行制度安排；"分类管理"就是根据不同镇区所能承载的流动人员入户人数和可提供公办教育资源情况，分配数额不等的入学入户指标；"分区排名"就是以镇区为单位，申请人根据积分高低，轮候享受入学入户等相应待遇。[①] 紧随中山市之后，深圳、上海等地也出台相应的政策实行积分入户。凭借学历、技能、社保年限等因素获得入户资格，中山市积分入户被视为开全国先河的破解"户籍坚冰"探索。

---

① 游玉华：《广东中山率先全国实行外来工积分入户》，《南方日报》2009 年 12 月 17 日。

积分入户的模式，是一种大胆创新，有一定的积极意义，但是，其负面作用更值得关注。因为，通过对居住年限、投资、购房、学历和技术水平等条件的入户限制，是地方政府通过行政手段争夺有经济能力、文化技术和积累资源的外来优势人口资源，实际上是对人才的行政掠夺；另外，进城的成本与准入条件基本都超出了农民工的承受范围，积分入户更像是对农民工的空头承诺；此外，积分入户的政府有一定的货币导向性，现行的投资、纳税、房产等限制条件，实际上是一种金钱与户口的交易，这种趋势形成了户籍迁移货币化的趋向，从某种意义上，进一步强化了城市户口的含金量，清晰了户籍的属地差别，从而在某种意义上阻碍了户籍改革的进行。因此，在2018年颁布实施的《中山市流动人员申请积分制管理须知（2018年度）》中明确指出不再执行积分入户政策，并保留优化积分入学和入住公租房政策。

（五）2018年至今：成都"条件入户＋积分入户"双轨模式

为了改革创新全市人口服务管理方式，2017年11月28日成都市人民政府签发的《成都市关于推进户籍制度改革的实施意见》，按照"总量控制、人才优先、动态平衡、双轨并行"原则，着力构建新型户籍政策体系，不断提高人口服务管理水平，有序推进农业转移人口市民化，促进人口与经济、社会、资源、环境协调发展，为建设全面体现新发展理念的国家中心城市提供充分的人力资源保障。成都全面建立条件入户和积分入户双轨并行的入户管理政策，建立居住证积分管理体系：条件入户充分体现人才优先发展战略，为各类人才引育留用降低政策门槛，简化办理程序；积分入户充分体现科学调控、灵活有序原则，为城市长远可持续发展匹配相应人口资源。其一，改进条件入户政策，落实人才优先战略。放宽人才引进落户范围，进一步降低人才落户门槛，简化人才引进落户流程；同时也颁布实施了《成都实施人才优先发展战略行动计划》，不断吸引聚集各类人才来蓉创新创业，建设具有国际竞争力的人才强市，打造国际一流的人才汇聚之地、事业发展之地、价值实现之地，让"蓉漂"成为时代风尚。其二，建立积分入户政策，合理优化人口结构。以居住证为载体，以合法稳定就业、合法稳定居住等为主要指标，建立居住证积分管理体系，按照"东进、南拓、西控、北改、中优"的空间布局，实行区域差异化积分，适时动态调整，根据城市发展需要和区域综合承载能力对入户指标实行年度计划调控，合理调控积分入户规模。

重庆的农村城镇化农转非户籍模式、深圳基于人口服务的居住证模式、成都的"条件入户+积分入户"双轨模式与农转非一体化的户籍改革措施，都是在前期准备工作比较充分的基础上推出的理性举措和大胆尝试，在全国同等类型的地区中改革力度都属于较大的，其中深圳与重庆的具体措施更谨慎也更细化，成都市还没有出台具体的执行方案。可以预期，这种模式一旦成功，应该可以成为其他地区城乡户籍改革的参照样本。

（六）2017年1月至今：户籍人才新政政策

据统计，从2017年1月至今，大约有50个城市陆续出台百余次政策，多维度吸引人才资源，而这些政策呈现四大特征：一是百策求贤，服务发展。自2017年至2018年5月，53个城市再加上3省，累计出台吸引人才新政百余次。特别是山东地区城市环北京地区城市以及中西部二线城市均出台相应的人才政策。二是各线发力，能级走低。出台人才新政城市能级呈现中间大、两头窄的特点，一线城市开始发力，同时向县级城市蔓延。2017年人才新政主要以二线城市为主，很难看到一线及三四线以下城市身影。进入2018年，北京、深圳、广州也开始针对高端人才局部调整引进条件。环京三四线如保定、廊坊等也开始重视人才引进，甚至泰安新泰市、滨州惠民县等县级城市也出台人才政策（见图1-1）。三是以省会为主，强化引才。53个已出台人才新政的城市中，有16个城市为省会城市，约占三成。除了一线城市外，中国城市人才资源分布进一步向省会城市聚集，中国省会城市人口资源密度进一步提高。四是多维补贴，筑巢引凤。政策围绕推进人才本土化，落户、购房补贴、生活补贴、配套保障多项激励。落户方面，大部分出台人才新政的城市均全面放开对学历型人才的落户限制，"零门槛落户""先就业后落户""在线落户"；安居方面，给予合理的购房资格、购房补贴、租赁补贴、生活补贴。措施对加快意向型人才的流入具有推动作用（见表1-4）。

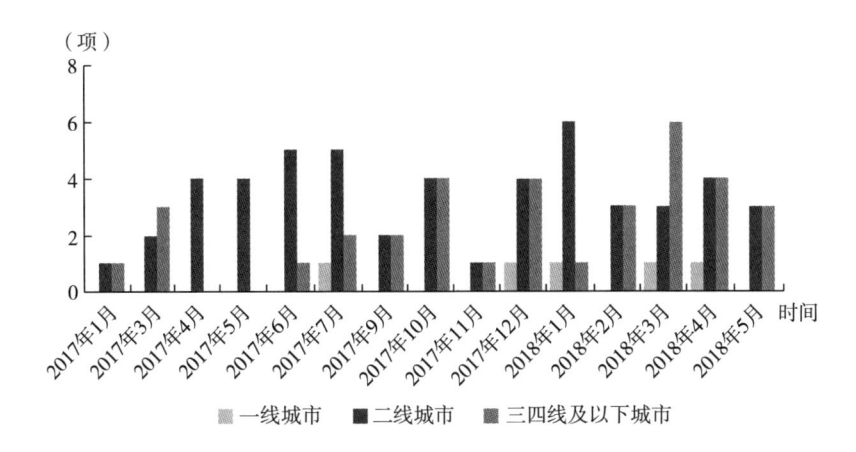

图1-1 2017年至2018年5月出台人才新政政策的时间分布

资料来源：中国指数研究院综合整理。

表1-4 人才新政典型代表地区

政策着力点	典型城市
落户开放力度大	郑州、西安、合肥、珠海、长沙、南昌、福州、海南、成都、武汉、天津、南京、沈阳、石家庄、呼和浩特
住房补贴力度大（部分含满足合理的购房需求）	郑州、西安、合肥、珠海、长沙、福州、海南、武汉、天津、石家庄、淄博、呼和浩特、邢台、沈阳
生活补贴力度大	郑州、合肥、珠海、南昌、福州、太原、临沂等

资料来源：中国指数研究院综合整理。

根据人才政策评价指标判断人才引进政策是否有力度，可以根据三个方面进行评价：一是政策的影响面是否足够广泛，有些人才政策主要是针对高端人才，这些政策的影响面小；有些政策是定向引进，对大部分人不适用。二是能否对人才解决定居问题有激励，这就要看落户难不难，住房和生活补贴力度怎么样。三是要看这些人才政策到底能不能执行落实下去，如果持续出台表明政府确实非常着急引进人才，然后再看财政上能不能支持（见表1-5）。评价结果显示：中西部核心城市引才力度最大。郑州、西安、合肥、珠海、长沙、南昌、福州、海南、成都、武汉、天津、南京、沈阳、厦门、石家庄15个城市引才力度最大，其中绝大部分是中西部城市。传统发达地区的新兴型城市引才力度明显增强,如排名较靠前的珠海、天津、福州、厦门,这些城市发展速度较快,对人才的需求程度明显上升。

表1-5　　人才新政政策力度评价指标说明

维度	相关指标	指标说明
政策的影响面是否足够广泛	政策针对的对象	若只针对高端人才则整体力度弱,若针对各个层次且大力引进普通人才则力度强
	引才规模	有具体引才目标且规模大的城市表明后期落实可能性大且影响面宽
政策解决人才定居的力度	落户放开程度	新政落户越容易,政策力度越大
	住房补贴水平	住房补贴越高,政策力度越大
	生活补贴水平	生活补贴越高,政策力度越大
政策的执行程度	政策出台频次	政策出台频次越高,政策力度越大
	明确的财政资金支持水平	新政或其他渠道若无提及则表明支持程度一般;若有明确的支持表态且规模越大则政策力度越大
	组织上的保障力度	组织保障程度越高,政策力度越大

资料来源:中国指数研究院综合整理。

第二章　中华人民共和国人口与户籍政策演变

　　从中华人民共和国成立到1962年,医疗卫生的逐步改善,人口的出生率在3%以上居高不下,这就形成人口增长的高峰,国际上形象地称这种情况为"人口爆炸";从1962年到1978年,人口在呈现快速增长趋势,印证了人口学家马寅初提出的"新人口论",在高度集权的计划经济背景下,一方面物资短缺,另一方面人口过剩,两者形成尖锐的矛盾;从1978年到2006年,人口增长受到更为严格的控制,人口增长的速度被严格地控制在2%以下,甚至1%以下,从而呈现出"低出生、低死亡、低自然增长"阶段;从2006年到2011年,实现人口再生产型由高出生率、低死亡率、高自然增长率向低出生率、低死亡率、低自然增长率的历史性转变。人口总和生育率已低于临界生育水平,我国部分大中城市老龄化已非常明显。人口总量太大、增长过快、增量过大的数量型人口问题慢慢地得到解决,但是人口的结构型问题日益凸显出来,比如人口老龄化、性别失衡、空巢老龄化、病残老龄化等。[①] 根据目前的人口规模、结构,中国人口与发展研究中心姜卫平教授课题组使用"人口宏观管理与决策信息系统",应用宏观预测和微观仿真相结合人口预测模型技术测算我国的人口规模、结构变动趋势,得出如下结论:我国人口峰值突破15亿的可能性在降低,人口峰值区间是[14亿,14.9亿];我国人口年龄结构从年轻走向成熟的趋势明显,人口年龄中位数2050年不超过50岁;劳动力总量大,2050年劳动力总量在

---

① 谈琰:《新中国人口发展理论与实践初探》,《绥化学院学报》2011年第6期。

7.7亿—7.8亿；老龄化将是社会常态，低龄老人占比接近三成；人口受教育程度将不断提高，2050年受过大学教育的人口比重占适龄人口比重将超过50%。① 总体而言，新中国人口发展趋势由"高出生率、低死亡率、高自然增长率"向"低出生率、低死亡率、低自然增长率"的历史性转变。

从人口学的角度，人口政策的定义分为广义与狭义两种。狭义的人口政策是指调节人口自身数量变动与发展的政策，包括人口数量变动、人口质量提升、人口结构调整三个基本方面的内容；广义的人口政策是指调节人口与经济、社会发展、资源配置、生活环境相关的政策，包括人口数量变动、国内人口迁移、国内人口分布和国际移民四类基本内容。本书研究的人口政策，通常是指广义的人口政策。中华人民共和国成立以来，毛泽东时代执行的是人口自由增长政策，无政府、无组织、无节制的生育政策回应了"人多力量大"的手口论；邓小平时代，中国实行控制人口增长的计划生育政策，一方面减少了人口增加；另一方面，通过改革开放以及人口红利等实现了经济的快速增长，实际上是在中国经济改革进程中嵌入了新马尔萨斯主义。但是，随着控制人口增长政策的严厉执行，中国人口发展出现了少子化和老龄化两大困扰，继2013年的"单独二孩"的人口政策之后，2015年全面实行"二孩政策"，这是中国经济实现持续增长的必要人口政策的调整体现。②

第一节　影响中国人口与户籍迁移的主要因素

因为庞大的流动人口，给社会资源、环境与经济发展等社会各方面带来巨大影响，从而使人口分布呈现一定的模糊性与交织性，但人口与资源、人口与环境、人口与经济发展的相互作用，是影响区域经济可持续发展的主要因素。人口分布是指人口在一定时间内的空间存在形式、分布状况，包括各类地区总人口的分布，以及某些特定人口的分布等。

---

① 毛中根、吴刚、杨列勋：《中国人口发展趋势、影响与对策研究成果综述》，《中国科学基金》2012年第6期。

② 瞿商、赵俊红：《新中国人口政策的转变与经济增长》，《湖北社会科学》2015年第12期。

人口的分布受自然条件、经济发展以及社会、历史等因素的综合影响与制约。尤其是地区经济发展水平不一，致使中国各地的人口分布差异显著。根据中国国情，人口的分布还呈现出不同的特征，从人口学的时空分布角度看，整体呈现以下特征：

一 东密西疏的地域特征明显

中国人口分布非常不均衡，最突出的特点是东密西疏。我国东部、中部、西部地区每平方千米的人口密度之比大约为15:6:2。东部人口相对稠密并且人口密度还在持续增加，中西部人口相对稀疏，空间范围动态变化不大，东密西疏的特点十分明显。

二 自然条件对人口分布制约明显

自然环境，如水、海拔高度、环境温度、耕地面积、城镇化率都会对人口的分布产生强烈影响，主要表现在平原地区人口稠密而山区与高原人口少、温暖湿润地区人口多而寒冷干燥地区人口少、耕地面积多则人口多而林地与草地多则人口少、城镇化率高则人口多而城镇化率低则人口少、资源集中地区人口多而资源贫乏地区人口少五大特征。中国东部地区地势低平，经济发达，农村人口密集；而在西部地区广布山地，经济发展整体水平次于东部沿海城市，并且少田缺水，农村人口稀疏，但乡村人口呈面状散布则是全国普遍的共同特点。

三 农村与城镇人口分布受政策影响明显

根据国家统计局公布2017年多项数据显示，从城乡结构看，城镇常住人口81347万人，比上年年末增加2049万人；乡村常住人口57661万人，减少1312万人；城镇人口占总人口比重（城镇化率）为58.52%，比上年年末提高1.17个百分点（见图2-1）。全国人户分离人口（居住地和户口登记地不在同一个乡镇街道且离开户口登记地半年以上的人口）2.92亿人，比上年年末减少203万人，其中流动人口2.45亿人，比上年年末减少171万人。国家发改委王培安说，未来30年，中国还将有3亿左右农村劳动力需要转移出来进入城镇，将形成5亿城镇人口、5亿流动迁移人口、5亿农村人口"三分天下"的格局。

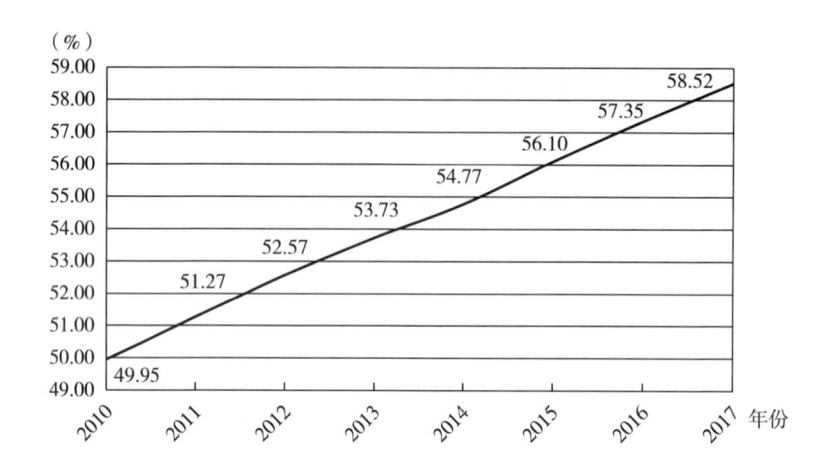

图 2-1　2010—2017 年我国城镇化率

资料来源：国家统计局。

四　中国人口分布与社会经济发展关系

由于社会历史、自然环境和经济条件的影响，中国人口空间分布的时空演变特征不尽相同，东西部差异较大，且不均衡态势日益明显。胡焕庸线至今仍能很好地概括中国人口东南地狭人稠、西北地广人稀的空间分布格局，但是甘肃、宁夏、内蒙古地区的人口分布已经在局部范围内突破了胡焕庸线的限制，中国人口分布在一定程度上呈现向西部转移的趋势。中国人口分布与经济发展空间一致性的地域分异特征十分明显，但省际一致性在不断缩小，人口集聚具有较强的经济导向性。全国和东部、中部、西部和东北部四大区域在 1952—2010 年的人口经济一致性程度及其变化趋势各异：全国人口经济空间一致性程度相对较低，东北地区人口经济一致性程度较高且还在改善，东部与中部保持稳定，西部较差且呈减弱趋势特征。[1]

近年来，随着经济的发展和产业结构升级，采取多种措施和合理规划，促进户籍改革、引导农村富余劳动力向非农产业转移，努力改善农民进城务工环境，推动社会福利均等化、促进农村劳动力有序流动，是

---

[1]　杨强、王运动、李丽等：《1952—2010 年中国人口分布与社会经济发展的时空耦合特征分析》，《遥感学报》2016 年第 6 期。

当前中国人口管理、农村城镇化及构建和谐社会所共同面临的最大挑战。

第二节 中国人口规模演变

在古代社会，受制于当时社会条件，世界各国基本都没有健全的人口统计数据。据联合国的估计，公元纪始，全世界人口在3亿人左右，据《汉书·地理志》记载，公元2年，中国人口为59594978人，人口学界认为，至少从纪元开始，中国人口占世界人口的20%—25%，已成为世界人口第一大国。纪元开始后，中国历史版图变动很大，国家统一与分割交织，人口也随着疆域的变化而增减，时至今日，世界人口第一大国的位置从来没有被撼动过。

我国历朝的人口政策，与赋役政策、婚姻政策关系都很大。同时，中国历代也出现了三个人口增长的高峰期。首先，汉惠帝实行的"民产子复勿事二岁"，西汉人口达0.6亿，形成中国古代人口史上第一个生育高峰期。刘启（景帝）末年（公元前141年），中国总人口已超0.3亿；到西汉后期又翻近一番，约0.6亿人，中国首过半亿人。据《汉书·地理志》：汉平帝元始二年（公元2年），"民户千二百二十三万三千六十二，口五千九百五十九万四千九百七十八"。西汉人口增加如此之快与当时的经济发展水平和国力有关，更重要的是，西汉朝廷采取了鼓励生育的措施。其次，北宋出现第二个人口出生高峰期，宋徽宗时期人口突破1.2亿。最后，康熙皇帝推出"盛世滋生人丁永不加赋"，清咸丰元年人口突破4.3亿。从弘历（高宗）当皇帝的乾隆年间开始，中国人口数量一路增速，突飞猛进，有学者称为"人口大爆炸"。据《东华续录·乾隆》，乾隆六年（公元1741年），中国人口达143171559人，超过1.4亿，这也是古代官方史料上人口统计第一次出现9位数；到乾隆二十七年（公元1762年），人口已达200472461人，这是中国人口首次破2亿；到乾隆五十五年（公元1790年），人口达301487115人，这是中国人口首次破3亿。清道光、咸丰年间是中国古代人口最旺盛期，道光十四年（公元1834年），中国人口首破4亿，据《清宣宗实录》，当年总人口为401008574人。奕（文宗）当皇帝的咸丰元年（公元1851年），达4.3亿。到载湉（德宗）当皇帝时的光绪年间，"四万万"已成为形容中国人口资源的惯用语。中国古代人口从乾隆二十七年的2亿到咸丰元年的4.3亿，前后仅用90年时间。

中国历代人口政策是中国历代以官方干预人口生育的政策。中国是世界上最早以官方政策干预人口生育的国家之一，其主流一贯是奖励早婚多育，并惩罚晚婚不育，历代皇朝为了增加赋役、强兵富国。早在春秋战国时期，不少地区就由官方设立了"掌媒"之官，使各地的鳏夫寡妇结合，以促进生育。东汉光武帝建武六年（公元30年），下诏规定："有产子者复以三年之算"，就是用暂时免除赋役的办法鼓励生殖。户籍制度自诞生以来，不是基于社会治理或服务人口的需要，而是一种对劳动人民进行剥削的工具——征税的需要。自汉开征人口税到清朝的"摊丁入亩"，从一开始就赋予了很强的社会属性。

中华人民共和国成立至今的69年时间里，中国人口政策走过的道路并不平坦。自中华人民共和国成立至1978年，毛泽东宣称中国巨大的人口规模本身就是一项伟大的生产型资产，他指出"人口众多是一件极好的事，再增加多少人也完全有办法"，"这个办法就是生产"，"革命加生产即能解决吃饭问题"。这是整个毛泽东时代的人口增长的基本观点。这样无控制的人口自由增长政策导致了人口快速增长，进而对粮食安全、生态环境、资源供给、人口就业带来诸多发展难题。不受控制的人口增长超过了农业生产的发展速度，阻碍了中国经济社会发展和人民生活水平的进一步改善。改革开放到2015年，从人口自由增长政策到控制人口增长的计划生育政策。尽管毛泽东的人口自由增长政策只关注于人口的生产性功能，即人口创造财富的功能，但是并没有关注人口的消费功能，即人口对财富的消费以及人口对资源、环境的压力，这是邓小平时代实行控制人口增长政策的根本原因。[1] 随着控制人口增长政策的执行，中国的人口发展出现"少子化、老龄化"两个主要的社会问题。2015年10月29日，中共中央十八届五中全会通过"普遍二胎"政策，"一对夫妇只生一个孩子"的计生政策成为历史。面对控

---

[1] 瞿商、赵俊红：《新中国人口政策的转变与经济增长》，《湖北社会科学》2015年第12期。

制人口增长政策遗留下的人口老龄化、性别结构失衡、空巢老龄化等人口问题,"二孩政策"逐步缓解人口老龄化的速度,改善人口结构的矛盾。自中华人民共和国成立以来,人口政策由自由增长到控制增长再过渡到"二孩政策"的调整过程,通过这样的人口政策调整过程既可以保证经济可持续性发展的劳动力供给,也可以保证社会可持续性发展的社会保障支撑。但总的人口政策历程可以用一句话来概括:前三十年为"完全放任人口增长、严格控制人口流动",后三十年为"严格控制人口增长、逐步放宽人口流动",从以下两份中国人口与世界人口一些基本指标变化比较的表格中,我们可以看到中国人口发生的惊人变化[①](见表2-1和表2-2)。

表2-1　　　　1900—1955年世界与中国人口变化比较

比较维度	世界平均水平	发达国家	发展中国家	中国
总和生育率(TFR)	5.02	2.84	6.17	6.22
出生率(‰)	37.5	22.4	44.6	43.8
死亡率(‰)	19.5	10.3	23.8	25.1
自然增长率(‰)	18.0	12.1	20.8	18.7
60岁以上(%)	8.2	11.7	6.4	7.5
人口平均预期寿命(此数据为1955年的数据)	46.6	66.1	41.1	40.8

表2-2　　　　2008年世界与中国人口变动比较

比较维度	世界	发达国家	发展中国家	中国
总和生育率(TFR)	2.6	1.6	2.7	1.8
出生率(‰)	20.0	11.0	22.0	14.0
死亡率(‰)	8.0	10.0	8.0	7.0
自然增长率(‰)	12.0	1.0	14.0	7.0
60岁以上(%)	11.0	21.0	8.0	12.0
预期寿命	68.0	77.0	66.0	73.0

---

① 田雪原:《中国人口政策60年》,社会科学文献出版社2009年版,第378页。

从表 2-1 和表 2-2 可以看出，20 世纪前半叶中国各项人口指标几乎与其他发展中国家相一致，属于典型的发展中国家人口类型。到 2008 年，中国人口变动类型逐步向发达国家靠近，而与发展中国家各项指标相去甚远。

目前，中国的经济和社会发展水平同世界平均水平大致相当，而人口转变的情况却与世界发达国家相当。除经济发展与社会进步外，我国以计划生育为主要内容的人口政策对这一转变的贡献率很大。中国自 1983 年起正式实施计划生育，规定除特殊情况外，一对夫妇一生只能生育一胎，到 1992 年，仅用了大约 10 年时间，就完成了人口向低生育水平的转变。到 2015 年，基于控制目的的人口计划生育政策对人口数量的控制作用功不可没。2015 年 10 月 29 日，中共十八届五中全会通过"普遍二胎"政策，面对控制人口增长政策遗留下的人口老龄化、性别结构失衡、空巢老龄化等人口问题，"二孩政策"逐步缓解人口老龄化的速度，改善人口结构矛盾。

任何人口政策均是为解决某一特定时期的人口问题而制定与实施的。在长期严格贯彻计划生育政策之后，中国人口的年龄结构、性别结构问题逐渐突出。老龄化速度过快，少子化严重，人口红利处于迅速消失状态。由于中国传统"重男轻女"的观念，截至 2016 年，人口出生性别比为 115，高于联合国明确认定的值域［102，107］，人口出生性别比出现严重失衡。[①] 对于我国人口年龄结构出现婴幼儿数量呈现减少趋势、人口比重持续下降，劳动年龄人口数量呈稳步增长态势，老年人口比重呈逐渐上升趋势，人口老龄化进程加快。按照国际标准，当某国家或地区的人口中 65 岁及以上老年人口比例超过 7% 或 60 岁及以上老年人比例超过 10%、0—14 岁少年儿童比例低于 30%、老年人和少年儿童比值在 30% 以上年龄中位数大于 30 岁时，可以认为这个国家或地区已经进入老年型社会。2005 年全国 1% 人口抽样调查数据显示，截至 2005 年年底，我国 65 岁及以上人口为 10055 万人，占总人口的 7.7%，

---

① 快易理财网：http：//www.kuaiyilicai.com/stats/global/yearlypercountry/gpopulationsexratioatbirth/chn.html。

这意味着我国开始步入老年化国家行列。[①] 中国需要适应人口再生产的类型转变、重新审视现行的生育政策、人口迁移等政策，促进人口数量的有效控制。

从人口自由增长到控制人口增长的计划生育政策再到现在的"二孩政策"，逐步趋向于提高人口质量、控制人口数量、调节人口结构相结合的人口发展策略，同时，这样的政策变动使人口与资源、环境相适应。但是，随着科学技术、信息技术、经济社会的发展、生活节奏的加快促使我国对生育的意识形态的转变，由以前的"人多力量大"过渡到"生多是负担"的生育理念，计划生育政策执行到 2005 年以后，我国步入了老年化国家的行列。因此，快速的老龄化过程对养老产业、公共卫生、医疗保健、社会保障、公共服务等社会服务领域提出了前所未有的挑战。加强人口健康科学研究、加快科研成果产业化进程、加大公共卫生产业投入、建立覆盖城乡的卫生保障体系，是当前人口管理面临的重大课题。

第三节　国内人口与户籍迁移政策演变

人口迁移分为自愿迁移和非自愿迁移两种。联合国《多种语言人口学辞典》给人口迁移下了一个为人们普遍接受的定义，即"人口在两个地区之间的地理流动或者空间流动，这种流动通常会涉及永久性居住地由迁出地到迁入地的变化。这种迁移被称为永久性迁移，它不同于其他形式的、不涉及永久性居住地变化的人口移动"。人口主要是受到社会经济环境、自然环境、政治环境的影响下进行迁移。国内人口迁移的特点在古代体现为：由自然条件差的地方迁往自然条件好的地方，大批迁移；现代（中华人民共和国成立到 20 世纪 80 年代中期）由东部迁往西北和东北部分有计划、有组织迁移；80 年代后由西部迁往东部，由农村迁往城市，自发迁徙量大。中国自古至今，基于战乱、追求更好物质需求的背景下，经历了十次人口大迁移。从永嘉之乱，晋室南迁，

---

① 刘书明、常硕:《中国人口年龄结构特征与变化趋势分析——基于 1995—2014 年数据的实证研究》,《西北人口》2017 年第 1 期。

中原汉族南下江南、湖南、湖北，安史之乱，中原涂炭，河南、河北、陕西的汉族居民南下江淮，西入川，直到中华人民共和国成立以及以后半个多世纪的移民，迫于政治需要、战乱逃难和经济谋生三个迁移原因。中华人民共和国成立以来人口迁移主要表现为"农村人口向城市迁移"，源于农村剩余劳动力较多、经济收入低、农村生态环境压力大、农村劳动艰辛、文化落后、农村体制改革、城市的吸引力等因素。

中国古代人口迁移大多是自发性质的，也有政府组织的。自发的移迁中，主要是基于利益的追求或生活环境改善两大目的。早期由人口稀少的北方草原向人口稠密的黄河流域迁移，以及由人口稠密的黄河流域迁向人口稀少的江南地区，都是这两大目的的体现；非自发的迁移，又分为政府强迫型迁移和自然环境型强迫迁移。政府强行的迁移，大多是基于拓土固疆、社会安稳或拆迁安置等目的。如西汉时期，政府征迁大量北方农民与百越族杂居，将大批越族人迁往内地与华夏共处，就是政府追求社会安稳的目的。环境强迫型迁移是指当自然环境恶化时人口非自愿性迁移，如黄河泛滥引发黄河沿岸的人口迁移以及发生在西晋永嘉年间的"永嘉丧乱"时期人口迁移。其中，永嘉年间的迁移，约有90万人从黄河流域迁向长江流域，这是中国文明发展与人口重心分布向长江流域转移的一个标志性事件。

中华人民共和国成立以后，中国共历经了四波迁移潮。

一 第一波（1949—1955年）：自由迁移制度及其短暂实行

自由迁移一般来说，是指一国宪法和法律赋予和保障本国公民在国内自由迁移和定居的权利以及出国、移居国外的权利。1949年9月29日通过的《中国人民政治协商会议共同纲领》第5条规定：人民有迁徙的自由。1951年公安部制定的《城市户口管理暂行条例》第1条即为保障人民迁徙自由。1954年《中华人民共和国宪法》第90条进一步重申和完善了这一规定：中华人民共和国公民有居住和迁徙的自由。但是，1955年3月内务部、公安部《关于办理户口迁移的注意事项的联合通知》中出现对由农村迁往城市者的特别要求，规定：对不安心农业生产，盲目要求迁往城市的农民（包括复员回乡军人和烈属、军属），应积极耐心地进行劝止，不应随便开给迁移证。这显然是对乡—

城迁移的限制措施。农民想迁移进城，被视为不安心农业生产，首先进行劝止，最终以不开具迁移证作为抑制手段。但国营企业、建筑等单位在农村有计划招收的农民或新考入城市学校的学生，可凭招收单位或录取学校的证件，发给迁移证。这些制度规则表明民众迁出、迁入时须到管理部门变更户籍。

从中华人民共和国成立初期至1955年年初，自由迁徙原则得到基本贯彻，特别是农村和城市之间尚无迁移限制。但1955年3月内务部、公安部通知已经表现出对农村劳动力自由迁移进城的限制。中华人民共和国成立初期自由迁移制度的主要效应是，为农村剩余劳动力，特别是年青一代迁移进城就业提供了方便；城市工商业得以获得所需劳动力，进而提高了我国的城市化水平。

二 第二波（1955—1976年）：控制农村人口迁移进城政策的出台和长期维系

控制人口迁移意味着政府对民众迁出和迁入地选择具有限制权，如增加审批程序，设置较多的前提条件，并对人口迁移总量实施监控。就我国20世纪50年代后期以来的迁移实践而言，控制人口迁移政策的核心是限制农村人口向城市迁移，对逆向人口迁移则较少约束，其目的是抑制非农业人口增加。1955年之前对农村劳动力自发性迁移进城已经开始有所控制，但尚处于初步限制阶段。1955年国务院发布的《市镇粮食定量供应暂行办法》规定："凡实行本办法的市镇，对非农业人口一律实施居民口粮分等定量"，居民口粮"按核定的供应数量发给供应凭证"。严格的户籍和粮食供应制度限制了农民向城市迁移，但没有从根本上抑制其向边疆垦区自发流动，1967—1976年自发移入161.71万人。迁徙制度由"自由"变为全面"控制"的转折点在1958年，其标志是当年经全国人大会议通过的《中华人民共和国户口登记条例》。从规则上看，其控制的重点是农村人口迁往城市，变更为非农业人口户籍。政府对这一限制制度出台的原因做出三项解释：一是农村人口盲目流入城市，国家压缩城市人口的方针难以落实，城市交通、住房、供应、就业、上学等出现了一定的紧张局面。同时，农村劳动力大量外流，农业生产受到影响。二是国家对城乡劳动力进行统一、有计划的安排策略受到干扰。三是盲目流入城市的农村人口找不到职业，生活困难，使城市社会秩序受到冲击。1964 年 8 月，国务院批转《公安部关于处理户口迁移的规定（草案）》，明确了处理户口迁移的原则。其中严加限制的迁移主要为：从农村迁往城市、集镇，从集镇迁往城市。此外，从小城市迁往大城市，从其他城市迁往北京、上海两市的，要适当限制。

从 20 世纪 50 年代中后期开始至 70 年代末期，中国人口迁移政策的基本做法是，严格限制人口迁移，重点控制农村人口迁往城市，政府所借助的控制手段是户籍制度和以户籍为依托的粮食关系。

三　第三波（1977—1991 年）：迁移进城限制放松与农村劳动力自由流动并存时期

从 1977 年开始，中国当代政治体制和人事管理理念发生初步变革。为调动干部和工人工作的积极性，关注其生活问题的政策逐渐受到重视；同时，经济建设逐渐成为政府工作的中心，城市发展活力逐渐增强，对外来人口的容纳和劳动力的需求能力增大。这在人口迁移政策上得到体现，首先是直系亲缘和姻缘关系成员团聚和非农迁移政策。

1977 年 11 月，国务院批转《公安部关于处理户口迁移的规定》，继续维持对农业人口迁往城市的限制政策，但也有一定弹性：一是与市镇职工、居民结婚的农村人口（包括上山下乡知识青年），确因长期病残生活难以自理，农村又无亲属可依靠的，准许在市镇落户；二是市镇职工在农村的父母如确无亲属可依靠，生活难以自理，准予落户；三是市镇职工寄养在农村的 15 周岁以下的子女，或原在农村无亲属照顾的 15 周岁以下的子女，可准予在市镇落户；四是上山下乡知识青年，因病残或家庭有特殊困难者符合国家规定，需要返回市镇家中的，经市、县知识青年上山下乡办公室审查同意，准予落户。

1980 年 1 月，中共中央组织部、民政部、公安部、国家劳动总局《关于逐步解决职工夫妻长期两地分居问题的通知》指出：解决职工夫妻两地分居问题，是关系到调动广大职工社会主义积极性的一件大事。其次是"农转非"迁移适度放开政策。1981 年《国务院关于严格控制农村劳动力进城做工和农业人口转为非农业人口的通知》要求加强户口和粮食管理,对农村人口迁入城镇要严格掌握。1984年《国务院关于农民进入集镇落户问题的通知》指出:随着我国农村商品生产和商品交换的迅速发展,乡镇工商业蓬勃兴起,越来越多的农民转向集镇务工、经商,他们迫切要求解决迁入集镇落户问题,这项政策是一项具有重要经济意义和社会意义的人口迁移政策转变,它表明政府由限制农民"转非"变为允许甚至鼓励进集镇从事工商业的农民"转非"。最后是实行自由流动人口暂住证制度。

1985年《公安部关于城镇暂住人口管理的暂行规定》指出:对暂住时间拟超过3个月的16周岁以上的人,须申领《暂住证》。对外来开店、办厂,从事建筑安装、联营运输、服务行业的暂住时间较长的人,采取雇用单位和常住户口所在地主管部门管理相结合的办法,按照户口登记机关的规定登记造册,由所在地公安派出所登记为寄住户口,发给《寄住证》。1991年商业部和公安部的新规则解决了进入集镇务工经商农民的口粮关系,使之得以享受完整意义上的非农业人口待遇。

从20世纪70年代末期到90年代中期的人口迁移政策对人口迁移的障碍和限制条件尽管大大减少,但离自由迁徙目标尚有不小的距离。因而,人口迁移制度仍需要深入改革,它不仅影响到公民个人的发展机会,劳动力资源配置的优化也需要减少迁移限制。[1]

四 第四波(1992年至今):自发性的"民工潮"

第四阶段,中国历经由计划体制向市场经济体制转变,产业结构调整、城市化进程加快以及国民经济增长加速,使以户籍制度为核心的二元社会体制渐趋弱化,自发性"民工潮"蓬勃兴起和涌动并逐渐增强,这一时期中国人口迁移空前活跃并迅速发展。

在此期间,主要特点表现如下:迁移原因逐步由以政治原因、社会原因为主转变为以经济原因为主;迁移机制逐步由以计划组织为主转变为市场调节占主导地位;迁移流向主要表现为以农村人口向城镇迁移;迁移意愿由被动迁移为主转向自发性迁移为主。省际农村移民则倾向从

---

[1] 王跃生:《中国当代人口迁移政策演变考察——立足于20世纪50—90年代》,《中国人民大学学报》2013年第5期。

事制造业和建筑业；同时还建议借鉴香港地区、新加坡的廉租房制度来改善迁移人口的居住状况。该期间，以户籍制度为基础的城乡二元社会体制仍严重制约着农村迁城人口获得城市居民的户籍，但对城市化的人口迁移的控制力逐步减弱。

据《中华人民共和国人口统计资料汇编》（1949—1985年）提供的资料统计，自1954年至1984年的31年间凡领取了迁移证件，迁出本乡、镇和本市的，以及由本乡、镇和本市以外迁入的（其中1961年的统计口径为迁出本县、市及由本县、市以外迁入的），累计数为11.87多亿人，平均每年人口迁移约为3831万人。魏津生（中国人口信息研究中心，1996）指出，中国农村人口的外部迁移自20世纪70年代末特别是1984年以后，由于改革开放和经济发展，规模有所扩大，尤其是向小城镇人口迁移有显著增加。

据统计，自1979年至1993年年底的15年间全国城镇非农业人口共增长108383万人，扣除其中人口的自然增长，同期中国有8500多万农村人口实现了外部迁移，平均每年560多万人；1978年至1994年有9100万农村劳动力实现了内部转移，这两类移动人口再加上目前全国城镇中来自农村的至少不低于3500万的流动人口（资料原文）。合计自20世纪80年代至1994年，中国农村人口移动规模约有21100万人。[①] 周晓津（2007）根据1990年公安部流动人口统计资料以及国务院人口普查办公室、国家统计局人口统计司编《中国1990年人口普查资料》第四册资料，再以东部、中部、西部不同的流动人口增长率推算1995年全国流动人口总量为8393万人。中国拥有全世界和历史上规模最大的流动人口，且从2000年的1.4亿增长到2010年的2.2亿，几乎占总人口的1/6。[②] 段成荣（2008）利用1982年以来的全国人口普查和人口抽样调查数据，回顾了改革开放30年人口流动状况，将流动人口变动总结为九大趋势：流动人口的普遍化、流动原因的经济化、流动时间的长期化、流入地分布的沿海集中化、年龄结构的成年化、性别构成的均衡化、女性人口流动的自主化、流动方式的家庭化和学业构成的

[①] 魏津生：《关于中国的农村人口移动》，《人口与计划生育》1996年第1期。
[②] 刘真真：《中国流动人口变迁及政策启示》，《中国人口科学》2013年第1期。

"知识化"。① 现有人口迁移与流动的原因、特征则呈现出明显的时代特征。

第四节 当前人口管理与户籍制度问题评述

一 户籍制度研究的主流认知

近年来,随着连续多年中央一号文件都以"三农"问题为主线,农民工的问题引起了国内外各界专家、学者的强烈关注。中国社会科学院的潘晨光、蔡昉、于建嵘,清华大学李强教授,中国土地政策与城市管理部主任丁日成教授,中国公安部王太元教授等诸多国内外社会学、人口学、人才战略等方面的著名专家、学者,从社会转型、城市治理、农村城镇化、人口管理、人才管理等多个角度,揭示了现行户籍制度存在的问题,提出了逐步剥离户籍福利、促进户籍制度本身的人口登记管理属性的回归等改革建议。

通过分析我国的城乡户籍问题的历史、改革观点及改革实践,可以看到,我国的户籍制度在当前社会主义市场经济条件下主要表现出四个方面的弊端:①造成了中国现行候鸟式的农民工迁徙流,造成的社会成本浪费;②造成了目前城乡二元割据的结构,阻碍了中国农村城镇化的进程;③造成了城市内部的新的二元结构,在城市内部形成了农民工与城市居民新的二元格局;④户籍壁垒和其他的一些集体排他政策阻碍了进城农民工中的那些底层精英向上流动,进一步激化了底层精英和主体社会的矛盾。

中国户籍制度存在的问题,也需要改革,这是不争的事实。是中国现行户籍制度本身的设计出了问题,还是政府对社会人口的治理理念出现了问题?如果是中国现行户籍制度本身设计的问题,那么,为什么现在有超过80%的中国农民不愿意进行"农转非"?

通过调查研究证明,当前与户口相关的社会矛盾问题其实并不在于

---

① 段成荣:《改革开放以来我国流动人口变动的九大趋势》,《人口研究》2008年第6期。

户口本身,而是附着在户籍上的种种现实利益。人们对户籍制度改革的渴望,实际上是人民大众尤其是农村户籍人员渴望享有同等国民待遇的权利、缩减或消除社会不公、缩小社会贫富差异、改变中国社会的城乡二元结构[①]。从社会整体的角度看,最优先需要的不是简单取消农业户口或减少农业人口的户籍改革,也不是简单剥离附着在户籍之上的社会福利,而是政府基于社会公平与和谐的人口的治理理念与政策。

从自然属性来看,中国现行的户籍制度,如同其他大部分国家的户籍制度一样,只是一个实施中国人口政策的统计工具,这一点没有明显差别;但从社会属性来看,由于受制于政府的执政理念,给中国户籍制度赋予了太多的人口控制性职能,从而形成了具有人口统计与控制双重职能的户籍制度。

因此,户籍改革的最终方向和目的是取消现有户籍规定对人口流动的限制,允许所有公民根据自己的意愿和能力迁移到任何地方生活和工作,自动获得当地居民的身份并享受与当地居民同等的公共权利和义务。

二 当前户籍制度的本源探讨

根据户籍制度的现状及改革目的,改革的终极目标应包括两个方面:一是取消落户的事前审批制度,取消所有户口准入条件,允许所有公民在居住地登记户口;二是任何公民在其常住地区,都拥有当地居民的公共权利,并接受当地政府部门的管理、履行相应义务。其中第一个目标的实现是建立在第二个目标实现的基础上。而要实现公共权利的平等,需要有以下四个基础条件:

(一)平等获取社会竞争能力的机会

公平获取社会竞争能力主要包含了公平获取学校教育、社会教育与培训资源机会的公平;社会竞争能力获取的公平,是实现社会公平的核心基础之一。从社会阶层的角度看,如果没有社会竞争能力获取的公平保障,就不能实现社会资源利用效率和效益的最大化,这同时也会阻碍社会阶层纵向流动、固化了社会阶层的壁垒、造成社会阶层的对立,从

---

① 杨政文:《户籍改革:困境与出路》,《领导者》2009 年第 2 期。

而阻碍整个社会的和谐。从城乡二元结构的角度看，平等获取社会竞争能力的机会平等，有利于加快城乡二元结构的融合。根据中国社会科学院劳动与社会保障研究中心副主任张翼介绍，2011年5月社科院做了大范围的流动人口生存状况调查结果显示，农民工进行"农转非"主要是为子女的升学教育打算。50%以上的"80前"的农民工是为孩子的教育，其中文化水平在中专以上的更是达到67%。其他因素的吸引力与此相比小得多，希望享受到与城市居民同样的福利待遇仅为15%左右，保障性住房、就业机会居住环境等都在10%以下。公平获取教育与培训资源的建立，需要各级政府配置与人口相匹配的社会教育资源，从而实现获取社会竞争能力的机会公平。

（二）公平获取社会竞争机会的机制

《中华人民共和国就业促进法》已由中华人民共和国第十届全国人民代表大会常务委员会第二十九次会议于2007年8月30日通过，自2008年1月1日起施行。其第31条规定，农村劳动者进城就业享有与城镇劳动者平等的劳动权利，不得对农村劳动者进城就业设置歧视性限制。这一保障就业公平机制的建立，为社会公平创造了良好的法制环境。

（三）公平获取社会公共资源的机会

社会公共资源的分配机制由政府主导并公平分配，才能使人们享受社会资源与福利机会的均等性，如果资源垄断在少数地方政府或企业中，同时分配机制不完善或分配监督机制不健全，将可能导致资源分配不公与权力寻租，从而使丧失了公平获取资源机会的人口，在社会竞争中处于劣势。

（四）公平获得参政议政的机会

公平获得参政议政的机会，这是建立公平的法制环境与破除特权阶层垄断社会资源分配权力的"法宝"；1979年，依据五届全国人大二次会议颁布的选举法，农村每名人大代表所代表的人口数量是城市每名人大代表所代表的人口数量的8倍。1995年选举法修正案，农村与城市每名人大代表所代表的人口数量比由8:1改为4:1。在2009年，选举法再度进行修订，目标是把上述比例提高到1:1。当今社会已形成社会结构、利益诉求、价值判断等多元化格局，如何在多元社会形态下，确保或基本确保每个社会阶层民众的合法利益诉求得到相对平衡的满足和保障，提高农村人大代表的相对数量比，公平获得参政议政权力的平等化，是构建社会平等与稳步推进和谐社会构建的基础条件。公平获得参政议政的机会获取将推动农村人口行使对户籍制度改革的立法建议与民主监督等相应的权利，从而加快户籍改革的进程。

三　当前户籍制度改革研判

在实践中，如前所述，由于我国不同地区经济、社会发展差别较大，"一步到位"的改革方式有可能导致人口向经济发达、资源丰富地区的过度集中，造成不良的社会后果，因而除一些户口含金量小、经济发展较为落后，因而人口吸引力不大的地区外，大部分地区都采取了渐进改革的方式：一方面逐步放宽城市户口准入条件，另一方面逐步赋予非本地户籍常住人口部分本地居民权利，以将户籍改革带来的震荡降到最低。

二元户籍制度形成并固化之后，根据规定，农村集体经济组织的成员获得农业户口并自动拥有土地的承包经营权和宅基地的使用权以保证其基本的生存需要，城市居民则拥有就业、医疗、养老等社会保障权益。因此，农村的土地、城市的社会保障体系被看作两种不同性质户口居民的生活保障方式，也有人据此提出城乡户籍一体化改革的一条原则：形式上的户口性质统一可以接受，但要赋予农村居民与城市居民同等的社会保障权益，必须要求他们放弃对土地的承包经营权，否则，他们只能另外实行一套专为农业生产者打造、比城市居民标准低得多的社会保障体系。也有人认为，经过长期改革过程，农民手里的三项土地使用权，已通过"稳定农村土地承包关系""增人不增地，减人不减地""土地承包经营权长久不变"等政策，在最近一轮土地承包时，固化给了现在拥有土地的农民，而且通过《物权法》形成了农民长期稳定的私权。农村集体土地，已不再肩负对农民直接的生存保障社会功能，农民的生存依赖越来越呈现出多元化格局。成为私权的土地使用权与社会保障的功能不能相提并论，也不能作为农民获得城市居民权益必须放弃的内容。而提供同等的公共权利，本来就是政府的职责，应该尽快执行。①

---

① 王列军：《户籍制度改革的经验教训和下一步改革的总体思路》，《江苏社会科学》2010年。

对于这一问题,从以下几个方面分析可以使我们对户籍制度获得更清晰的认识。

(一) 城乡两种保障方式性质不同

事实上,农村居民的土地保障只相当于城市居民的就业保障。二元户籍制度确立后,城市居民获得包括就业及丧失劳动能力后的社会保障在内的一系列生活保障,有劳动能力时,既可以通过劳动获得满意的生活水平,临时或永久丧失劳动能力后,也可以通过政府获得最基本的生存保障,此外还可以获得政府提供的教育、住房等一系列基本的生活条件。而土地对农村居民来说,只是提供了一种生产资料,保障了农村劳动者在需要劳动时可以有条件劳动,他们的生存也必须通过自己的劳动才能获得,除此之外政府没有提供其他生存保障,农村居民在丧失劳动能力时,完全靠其他家庭成员负担,这与城市居民享有的一系列保障有本质的区别。

(二) 土地对农村居民的保障能力有限

众所周知,我国是一个人口大国,更是一个农业人口大国,可种植的土地资源却极为有限,按照目前的土地承包经营制度,农业人均承包土地不足4亩,且土地肥沃程度分布不均,西部大量贫瘠土地产量极低,东部地区土地数量则更为紧缺,有些地区人均不足1亩。在这种条件下,如果农业户籍人口全部依靠土地生活,劳动生产率必然极为低下,生活水平难以提高,丧失劳动能力时,土地不能自动提供保障,即使用于出租,在不改变土地用途的情况下收益也非常微薄。因此,难以说明土地为他们提供了足够生活保障。

(三) 新生代城市居民与农村居民差距更大

随着改革推进,城市居民的就业保障逐渐淡出历史舞台,新生代城市居民需要自谋职业,政府不再保证每一个城市居民的就业,但最低生活保障、失业、医疗、养老等其他保障措施却更加完善;在农村,土地的承包经营权则通过"稳定土地承包关系""延长土地承包期限"等措施固化给了已拥有土地的农民,承包以家庭户为单位、按家庭人口多少来计算,但根据"增人不增地、减人不减地"的原则,新生代农民虽然从法律上来看有权利耕种家庭承包的土地,却是以家庭内其他成员土地份额减少为代价的,而按照现实中大多数人的理解,这部分人没有赶上承包土地的机会,是没有土地的。另外,在实际土地资源匮乏的情况下,新生代农民绝大多数选择了离开土地到城市寻求更多生存机会。在城市中,由于户口、教育、技能、家庭背景、经验等因素,他们不能同城市居民站在同等的位置上竞争,只能从事城市居民不愿、不屑参与的脏、苦、累、差工作,同时不享有任何保障措施,与城市居民的差距越来越大。

(四) 土地承包经营权需要改革

当前,诸多学者更倾向于将土地的承包经营权仅看作当前拥有土地农村居民的一项私有权利。如前所述,从法律的角度考虑,在最近一轮土地承包时,土地的承包经营权已固化给了现在拥有土地的农民,而且通过《物权法》形成了他们一定期限内(30年)稳定的私权,这种权利相当于我们在经济运行中形成的一种财产,可以在一定程度上保证当前仍在土地上耕作的农村居民的生活,但承担不了社会保障功能。承包期满之后的土地制度如何目前也没有明确的安排,新生代农民则几乎没有实现这种权利的机会。

因此,农民对土地拥有的权利不应成为城乡户籍改革中平衡城乡居民利益的一个筹码。各级政府首先应该重视的是拉平城乡居民之间的社会保障待遇,正如我们不能在赋予城市居民社会保障待遇时考虑没收他们的财产一样,在此过程中,我们不能首先考虑如何剥夺农民的土地权益。实践中我们观察到,近几年,有些地区已经开始在农村实施标准低于城市居民的新农合、农村居民养老保险、农村地区最低生活保障制度等措施,截至2011年年底"新农合"的覆盖率已经达到农村居民的95%。这是一个良好的开端,考虑到政府的财政压力,实施城乡有别的制度是一个必然的过渡,但随着经济的不断发展,城乡社会保障标准的统一,医疗、教育等社会公共资源的合理配置,人口服务管理体系的全国性合理覆盖等工作应在尽可能短的时间内完成,这一工作的结束也必然意味着城乡户籍统一的最终完成。

第三章 深圳市城市发展及人口发展概况

深圳立市40多年来，经济实现持续高速增长，1979—2009年，国内生产总值连续多年居全国大中城市第4位，年均增长31.20%；贸易进出口总额居全国第一位。产业格局在全国各区域中也最为合理。深圳知名品牌众多，一大批行业的龙头企业，亦崛起于深圳，如万科、华为、金蝶、比亚迪等非公经济，均超过了70%，成为国内事实上最为发达的城市。在政治领域，2009年深圳重启"三权分立"改革，为国内目前政治体制改革程度最深的方案。深圳民间政治创新环境相对宽松，除了"特区"的特殊定位外，深圳在政治和经济领域进行试点与改革，也与深圳合理的政治地位有关。主政深圳的历任地方官员，一般敢干敢闯，在深圳的政治、经济领域的改革方面，起到了承前启后的作用。

第一节 深圳市的城市发展轨迹

一 深圳市的城市形成与发展

夏商年代，深圳作为百越部族远征海洋的一个驻点，最早居住于深圳沿海区域的百姓，是"南越部族"——百越部族的分支。他们以捕鱼、航海维生，极少农垦。"深圳"地名始见史籍于1410年（明永乐八年），于清朝初年建墟。当地的方言俗称田野间的水沟为"圳"或"涌"。深圳正因其水泽密布，村落边有一条深水沟而得名。深圳又称鹏城。

深圳市最早的前身为宝安县。宝安作为县建制始于公元331年（东晋咸和六年）。朝廷置辖地六县的东官郡，辖地大概为今天的深圳市、东莞市和香港等范围。郡治在宝安县（南头），有600多年历史的南头古城，曾是晚清前深港澳地区的政治中心。公元1573年，中国明朝政府扩建东莞守御千户基地，建立新安县，并建县治于南头，辖地包括今天的深圳市及香港区域。

公元1842年7月至1898年4月期间，中国清政府与英国相继签订《南京条约》《北京条约》和《展拓香港界址专条》，港岛、九龙和新界割让、租借给英国。至此，原属新安县的3076平方千米土地中，有1055.61平方千米脱离其管辖，深圳与香港从此划境分治。公元1913年（民国二年），广东省新安县复称宝安县，县治仍在南头。

1979年3月，中央和广东省决定把宝安县改为深圳市，接受广东省和惠阳地区双重领导；11月，中共广东省委决定将深圳市改为地区一级的省辖市。1980年8月，全国人大常委会批准在深圳市划出六分之一的狭长地带，作为经济特区。1981年3月，深圳市升格为副省级城市。1988年11月，国务院批准深圳市在国家计划中实行单列，并赋予其相当于省一级的经济管理权限。1992年2月，全国人大常委会授予深圳市人民代表大会及其常委会、市政府制定地方法律和法规的权力。

2010年7月，经中央批准，深圳市将特区的版图从罗湖区、福田区、南山区、盐田区扩大到包括宝安区、龙岗区、光明新区。扩容后，原属关外三个区纳入特区之内，深圳特区范围延伸至全市，特区总面积将由395平方千米扩容为1948平方千米，接近香港面积的两倍（香港总面积达1103平方千米）。因为中央赋予深圳市拥有特区内立法权，在未扩容之前，深圳市经济特区内外的法律适用环境与依据不同；扩容后，结束了一个城市两种制度，一个城市两种法律的问题。

2010年8月，国务院批复了《深圳市前海深港现代服务业合作区总体发展规划》（以下简称《规划》），把前海地区的发展上升为国家战略，同时对深圳在未来转变经济发展方式上提出了更高的要求。《规划》提出，奉行先行先试的机制，坚持深港合作、高端引领、服务广东、面向全球的战略取向，重点发展金融、现代物流、信息服务、科技及专业服务四大产业领域。前海在深港两个机场的连接线上，深港西部快速轨道、广深沿江高速、西部通道和深圳地铁等交通设施汇集于此，具有良好的海陆空交通条件和突出的区位优势。前海虽然规划面积小，却是开放程度高、体制机制新、先行先试空间广、产业发展潜力大、支持保障措施优的规划区域。因此，前海深港现代服务业合作区又被称为"特区中的特区"。

2011年12月，深圳市委、市政府在宝安和龙岗新增两个功能新区，分别为"龙华新区"和"大鹏新区"。这是深圳2007年5月成立光明新区、2009年6月成立坪山新区之后，成立的新型功能区，成为深圳市未来战略性新型产业发展的重要基地。在人口管理方面，深圳市在2008年居住证制度出台后，流动人口的公共服务有较大改善，其市民化呈逐渐推进之势，为加强对人才的吸引，深圳市继续在2012年制定发布了《深圳市外来务工人员积分入户暂行办法》，该项人才引进政策对外来务工人员统一采用积分入户方式办理，取消原有的农业户籍人员引进等限制，增强了广大农民工的归属感，加快城市化进程，提高城市核心竞争力。

2015年4月，中国（广东）自由贸易试验区前海蛇口片区正式挂牌启动。明确了将自贸片区建设作为全市的发展方向，形成了深圳市大创新大开放、大开发大建设的发展局面，在投资便利化、贸易便捷化、粤港深度合作、金融业开放创新等方面，实现了全新的突破，为深圳市发展带来了新的发展机遇。

2016年10月，国务院批复同意设立深圳市龙华区和坪山区，以龙华、大浪、民治、观湖、福城、观澜6个街道的行政区域为龙华区行政区域，以坪山、坑梓2个街道的行政区域为坪山区的行政区域。实现了深圳市行政区划的精细化发展，得到进一步的完善，深圳市继续在2017年确认并继续保留了全国文明城市的荣誉称号，并在2018年2月，经国务院批准，同意深圳市以创新引领超大型城市可持续发展为主题，建设国家可持续发展议程创新示范区。

未来，深圳面临着一大一小"两个特区"的发展任务。大特区，是指深圳经济特区扩大到全市范围之后，实现特区一体化与现代化、国际化先进城市建设任务；小特区，是指作为特区中的特区，前海合作区如何全面实现规划目标。

二 深圳市城市发展现状

深圳市除具备一般城市的功能外，还在金融、物流、科技产业方面发展突出，除此之外还努力打造深圳市的文化产业，力图让其成为深圳市经济发展的第四极。尤其是从 2008 年广东省提出"双转移战略"①，深圳着力发展高新技术产业。"双转移战略"政策也称作"腾笼换鸟"，具体是指：珠三角地区着力发展高新技术产业，劳动密集型产业向东西两翼、粤北山区转移；同时，东西两翼、粤北山区劳动力，一方面向工业、服务业等高附加值产业发展；另一方面，其中一些高素质劳动力、高新技术向发达的珠三角地区转移。随着"双转移战略"的实施，深圳市产业结构已发展成为依靠网络通信、软件开发、金融服务、生物医药等高新技术产业为支柱的创新高科技结构，社会经济保持持续高水平增长②。截至 2017 年，深圳全市生产总值 22286 亿元，仅次于上海和北京，位列全国大中城市第三位。且深圳市的金融、物流、科技与文化四大支柱产业发展中，均呈增长态势，2017 年，深圳市的四大支柱产业中，金融业增加值 3059.98 亿元，比上年增长 5.7%；物流业增加值 2276.39 亿元，比上年增长 9.8%；高新技术产业增加值 7359.69 亿元，比上年增长 12.2%；文化及相关产业增加值 1529.75 亿元，比上年增长 20.6%。③深圳市已经成为中国的金融、物流、科技产业与文化产业中心。

（一）金融中心

截至 2017 年年末，深圳证券交易所上市公司 2089 家，上市股票 2127 只，总发行股本 18458.32 亿股，总流通股本 13925.42 亿股。深圳金融机构数量和业务规模、金融资产均稳居内地城市前三甲，并入选全球金融中心十强，跨境贸易人民币结算业务量深圳独占全国 1/4，位居第一，是全国的银行中心；拥有深圳证券交易所，设有企业上市的主板

---

① 广东省委书记汪洋在 2008 年 5 月 29 日以《中共广东省委、广东省人民政府关于推进产业转移和劳动力转移的决定》文件形式正式提出。
② 胡李宁：《交通运输投入对经济增长的影响分析——以深圳市为例》，硕士学位论文，深圳大学，2017 年。
③ 深圳市统计局：《深圳市 2017 年国民经济和社会发展统计公报》。

市场和中小企业板市场，深圳证券经纪业务市场占有率稳居全国第一。国内主要金融机构在深圳都设有分支机构，外资金融机构数量和规模位居全国第二。

深圳作为区域金融中心不仅资金、机构、人才日益汇聚，资本市场活跃度日益增强，而且更令人欣喜的是，深圳作为区域金融中心的特色日渐鲜明。以深交所中小板、创业板为核心的全国中小企业投融资中心在深圳方兴未艾，成为深圳区域金融中心无可替代的位置。在深圳政府的培育引导下，深圳区域金融中心金融元素不断完备。深圳政府积极推进小额贷款公司试点工作，2010年6月，深圳首家村镇银行正式诞生，龙岗鼎业村镇银行也成为国内首个坐落于城市内的村镇银行。2010年9月底，深圳排放权交易所正式挂牌，填补了深圳政策性金融产品交易市场的空白。同时，深圳作为全国首个推出金融创新奖评选的城市，自2005年起，先后约2000个项目参与评选，300余项目获得奖项，颁发奖金超过1亿元。作为全市金融系统的重量级奖项，并且，深圳金融创新奖本身也在不断创新和完善。特别是2016年年底，市政府同意增加"金融创新奖"奖励名额、加大奖励力度，从2017年起又增设"金融科技专项奖"，主要奖励区块链、大数据、云计算、人工智能等Fintech技术的创新研究和应用，前瞻性布局加强对金融科技领域的激励引导[1]。

（二）物流中心

深圳港是我国第二大港口，全球第三大集装箱港口，是我国对外贸易的关键节点。其拥有优越地理位置，路途便捷，通达的国家和地区较多，相对海运里程短，港口及航道条件好，自然岸线长，拥有集装箱专用泊位，现代化装卸、储存等各种设施配套完善。同时，腹地广阔，航空、铁路、公路等运输网络十分发达，是全国最大的陆路口岸。2015年，全球经济低迷，航运业也面临挑战，深陷低谷，但是，截至2016年年底，深圳港完成集装箱吞吐量2398万标准箱，港口货物吞吐量达到21410万吨，连续四年排名全球集装箱港口第三。从图3-1深圳市2006年至2016年港口货物吞吐量可以看出，深圳港口已从高速发展进

---

[1] 沈勇：《我市1950万重奖金融创新》，《深圳特区报》2017年6月24日。

入稳定发展。当前，在深圳港挂靠的国际集装箱班轮航线达238条，通航100多个国家和地区的300多个港口，是中国内地国际班轮公司和国际班轮航线最多的港口，也是世界上为数不多的班轮航线完全覆盖所有航区的港口之一。2017年，深圳港集装箱吞吐量2520.87万标准箱，创历史新高，同比增长5.13%，为近10年来最高增幅。深圳有望连续5年蝉联全球第三大集装箱港口。

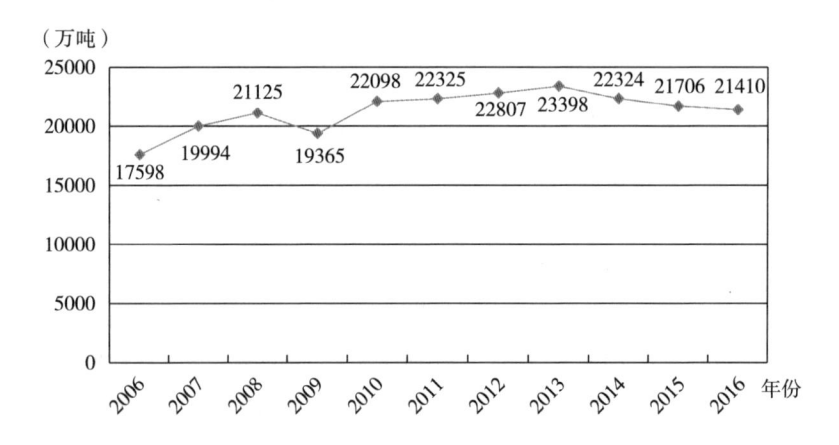

图3-1 深圳市2006—2016年港口货物吞吐量变化曲线①

（三）科技产业中心

当前，在学术界对于科技产业中心尚无具体的学术定义，比较有代表性的，如联合国开发计划署发表的《2001年人类发展报告：让技术为人类发展服务》一书中，提出世界"技术成长中心"有三个共同特征，即具有雄厚的产业基础优势，特别是制造业基础优势；与顶尖的研究型大学、科研机构毗邻；集聚了该领域具有全球竞争力的企业和科技人才。国内学者杜德赋将"全球科技创新中心"定义为"全球科技创新资源密集、科技创新活动集中、科技创新实力雄厚、科技成果辐射范围广，从而在全球价值网络中发挥显著增值功能并占据领导和支配地位的城市或地区"。②

---

① 深圳市统计局：《深圳统计年鉴（2017）》，2017年12月19日。
② 杜德赋：《全球科技创新中心动力与模式》，上海人民出版社2015年版。

深圳在短短的 37 年里,在产业结构调整中,高新技术产业的支柱地位进一步增强,高新技术企业规模优势日益凸显,研发投入水平不断提升、以自主创新为特征的高新技术产业已成为深圳的特色。2017 年,深圳全市实现高新技术产品产值 7531.37 亿元,其中电子信息高新技术产品为支柱产业,软件业务收入达 5966.3 亿元,全国排名第二;此外,在新材料、新能源、生物技术及医药和环保行业继续保持高速增长;深圳专利申请总量累计达 989510 万件,其中,深圳市 2017 年 PCT[①] 专利申请量为 2.05 万件,占全国年申请量的 40.2%,连续 13 年蝉联全国第一专利申请量。

2010 年,全市从事高新技术产品研发和生产的企业超过 3 万多家,累计认定国家级高新技术企业 1044 家,市级高新技术企业 3086 家,605 家企业高新技术产品产值超过 1 亿元,76 家企业超过 10 亿元,8 家企业超过 100 亿元,1 家企业超过 1000 亿元。2010—2015 年,战略性新兴产业规模从 8750 亿元增长到 2.3 万亿元,年均增长 21.3%,增加值从 2760 亿元增长到 7000 多亿元,年均增长 17.4%,远远超过同期经济增长速度,成为经济发展和产业升级的主引擎。深圳市 2015 年 GDP 比 2014 年增长 8.9%,2016 年继续增长 9%,高技术制造业成为驱动深圳高质量增长的核心力量。2016 年深圳高技术产业增加值占工业增加值的 60%,占 GDP 的 40.3%,战略新兴产业占 GDP 的比例越过 1/3,对 GDP 增长的贡献越过 50%。在研发投入方面,深圳市 2016 年全社会研发投入 840 多亿元,占当年 GDP 的 4.1%,接近全球排名前两名的国家以色列、韩国,处于国际领先水平。深圳已拥有中国最好的高科技企业集群,如华为、中兴、腾讯、大疆、大族激光等。2016 年深圳市新增国家级高技术企业 2513 家,是上年增量的 3 倍以上,累计达 8037 家,占广东省总数的一半以上,且全国领先。[②] 深圳在计算机及外设制造、通信设备制造、二次电池、平板显示、数字电视、生物制药等产业领域形成了具有较强竞争力的高新技术产业集群,出现了一批跨国

[①] PCT 是《专利合作条约》(*Patent Cooperation Treaty*)的英文缩写,是有关专利的国际条约。本书指申请的国际专利。

[②] 何国勇:《深圳建设国际科技、产业创新中心研究——硅谷的经验与启示》,《城市观察》2018 年第 2 期。

经营企业和国内行业龙头企业,涌现出一批在国内外有影响的企业家和企业领军人物。华为、中兴已成为国际一流的通信设备制造商和解决方案提供商,在若干领域占据业界制高点;中集、比亚迪、迈瑞等已成为具有一定国际影响力的跨国经营企业;腾讯在即时通信互动娱乐服务,赛百诺在基因药物生产,金蝶在财务软件开发,微芯生物在医药研发,大族激光在激光设备制造等领域,均已成为国内有影响的龙头企业。

目前,90%以上的研发机构设立在企业,90%以上的研究开发人员集中在企业,90%以上的研发资金来源于企业,90%以上职务发明中的专利出自企业,深圳已形成了以高新技术产业为第一支柱产业发展格局,成为首个国家创新型城市的试点。

(四) 文化产业中心

2003年,深圳被中央确定为9个文化体制改革综合性试点地区之一,2004年深圳市的文化产业增加值为163.39亿元,到2009年为531.3亿元,年均增速达26.6%,占全市GDP比重也由4.7%上升为6.48%。实际上,深圳市早在2005年就将文化产业作为它的四大支柱产业之一,并于2011年定位战略性新兴产业,先后出台《深圳市文化产业发展规划纲要(2007—2020)》《深圳市文化产业发展促进条例》等规划、法规和专项文件。2011年10月出台《文化创意产业发展振兴规划》及其配套政策,发展进入加速期。

深圳拥有中国最多的创意设计公司和最大的创意设计人才队伍,早在2008年深圳就被联合国教科文组织授予"设计之都"称号,中国(深圳)国际文化产业博览交易会,被誉为"中国文化创意产业第一展"。在这方面已经形成了较好的经济效益。截至2016年9月,深圳市已建成市级文化创意产业园区(基地)62家,其中国家级文化产业园区(基地)达13家。同时,深圳在2016年的文化创意产业增加值达1949.7亿元,占全市GDP比重达11%,成为城市重要的经济支柱,而同期我国文化产业增加值占GDP比重为3.86%[1]。截至2017年,深圳市文化及相关产业增加值1529.75亿元,占全市GDP总量的6.82%。

---

[1] 何国勇:《深圳建设国际科技、产业创新中心研究——硅谷的经验与启示》,《城市观察》2018年第2期。

在文化遗产保护方面，深圳市在全国率先出台加强改革开放历史文物保护的有关规定，出台民办博物馆扶持有关政策，已建成民办博物馆总数达 26 家，省级以上非物质文化遗产项目 32 个，其中国家级项目 8 个。文博会已成为全国规格最高、规模最大、最具影响力的全国文化产业产品展示、信息交流与资金交易平台。深圳正在组建文化产权交易所，以推动文化产业投融资体制的不断完善。作为全国较早的动画加工制作基地之一，深圳动漫游戏产业已形成一定规模，其加快促进文化创意产业集聚发展，培育龙头企业，引导产业集聚，创意设计水平已在全国乃至亚洲显示出领先优势。

第二节 深圳市人口发展概况

人口是社会生产行为的基础和主体，人口的数量、素质、年龄等构成与变化对经济增长、产业结构调整具有无可替代的特殊意义。随着中国城镇化的快速推进，人口迁移和流动日益频繁，促使城市空间的异质性增大。深圳作为中国改革开放的前沿城市，近年来经济的快速增长吸引了大量外来人口，成为中国最著名的"移民城市"。

深圳市在"十二五"人口发展时期，逐渐完善并实现了人口红利由数量型向质量型的转换，基本确立了深圳市质量型人口发展红利的优势地位。在"十二五"期间，深圳市的人口发展质量持续优化，人口总量稳定可控。实际服务管理人口稳定在 1800 万人左右。常住人口由 1037.2 万人增至 1137.89 万人，年均增幅为 1.9%。户籍比重快速提升。户籍人口由 259.42 万人增至 369.19 万人，增量约为"十一五"期间的 1.5 倍，常住人口户籍与非户籍人口比例由 1:3 提升至 1:2。年轻优势继续保持。常住人口平均年龄 32.53 岁，总抚养比 20.48%，人口老龄化程度较低。素质结构有效改善。常住人口大专以上学历人口比重由 18.5% 增至 22.67%，户籍人口大专以上学历人口比重由 37.46% 增至 42.3%，常住人口平均受教育年限由 10.7 年增至 12 年，技术技能人才总量达到 421.3 万人。空间分布渐趋均衡。原特区外户籍人口比重从 33.54% 增至 35.98%，常住人口密度由 4323 人/平方千米提升至 4723 人/平方千米。产出效益不断提高。人均生产总值由 9.6 万元/人增至

15.8万元/人，全社会劳动生产率由12.9万元/人增至19.3万元/人，位居国内前列。[①]

根据历史资料表明，原宝安县人口状况不是一般的人口波浪式发展的，而是以凹凸不平的曲线发展的。尤其是1956年、1958年、1964年和1978年期间，出现了人员外流情况，使人口一度出现负增长。如1970年深圳市户籍总人口数为304629人，而到了1979年，户籍人口总数才312610人（不包括流动人口约1500人），九年的累计户籍人口增长率为2.62%，而全国同期增长了18.18%。1979年，农业人口占总人口数的81.21%，非农业人口为18.79%。

成立经济特区后，作为中国改革开放的前沿和中国工业化的先锋，在短短的40年间，深圳从一个落后、荒芜的边陲小镇，发展成为国际现代化的大都市，深圳也因总人口超过1500万人、常住人口超过891万人[②]而成为国际特大型城市。截至2017年年底，深圳市全市年末常住人口1252.83万人，其中常住户籍人口434.72万人，占常住人口比重34.7%，常住非户籍人口818.11万人，占比65.3%。[③] 在深圳的发展过程中，人口快速增长，把中国城市化的高速发展所暴露的问题集中体现。外来人口给深圳带来了发展活力，深圳受益于外来人口而成就了今天的辉煌。但是，外来人口的管理，也在考验着深圳市政府，逼迫着深圳市在社会发展和经济结构调整时，优先考虑人口管理与服务的转型。人口的快速增长，成为深圳市高速发展的巨大动力，同时也是深圳市城市管理的巨大压力。纵观深圳市40年的发展历程，其人口发展可以分为四个阶段。

一　奠基阶段（1979—1986年）

从图3-2可以看出，在此阶段，在1983年以前常住边际增加率为正，1984年到1986年边际增长率为负，户籍人口平稳增加，流动人口

[①]《深圳市人民政府关于印发人口与社会事业发展"十三五"规划的通知》，2017年1月11日。

[②]深圳市统计局、国家统计局深圳调查队：《深圳市统计年鉴（2009）》，中国统计出版社2009年版。

[③]深圳市统计局：《深圳市2017年国民经济与社会发展公报》。

呈现"跳跃式"增长。1979年，深圳市人口为31.41万人，其中非户籍人口约为1500人，劳动者以农业从业人口为主。值得注意的是，深圳市通过打破传统用工体制，改革分配制度，建立起社会保障制度和市场化的劳动力流转机制。特别是1982年率先建立起养老保险制度，允许非户籍员工享受基本的养老保险待遇，给予非户籍人口极大的劳动保险和养老保障。到1986年，全市人口达到93.56万人，非户籍人口达到42.11万人。在此阶段，最高增速是1982年，为32.41%，特区基本处于筹办、规划和大规模建设阶段，而全市15岁至64岁的劳动人口占比逐步增加。随着大规模基建的部分完成，国家中央机关对经济特区基建产生担忧，部分基建项目关停或放缓，人口开始回落，符合特区初期建设需要和发展的基本特点。

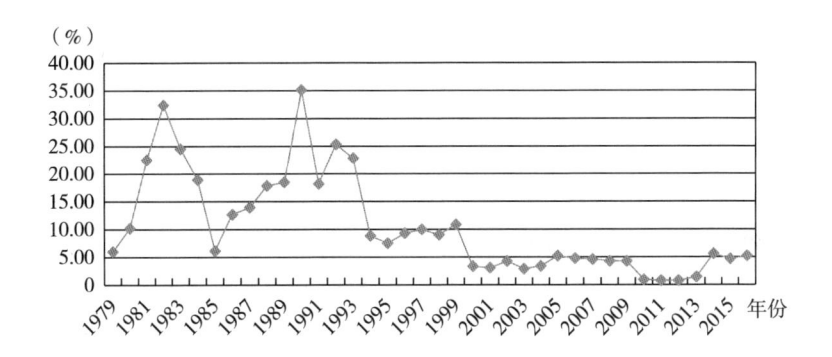

图3-2 1979—2016年深圳市常住人口环比增加曲线①

二 快速成长阶段（1987—1994年）

1989年，深圳市非户籍人口增长到76.78万，占常住人口的54.2%，首次超过户籍人口比重。随着人口规模的快速增长，深圳市加强了对流动人口的管控，1990年开始对机械人口增长实施指令性计划，户籍制度开始逐渐提高门槛，户籍制度本身的功能也在发生着变异，逐渐承担起了调节人口素质和调整人口结构的重要功能，成为招纳人才、

---

① 深圳市统计局：《深圳统计年鉴（2017）》，2017年12月19日。

吸收投资的重要手段。① 1994 年，总人口超过了 500 万人，常住人口达到 412.71 万人，非户籍人口达到 93.97 万人，在此期间，常住人口快速增长，并在 1990 年达到顶峰，环比增长达到 35.15%。在此阶段，深圳市从基础建设阶段走向以工业建设为主、第三产业发达、农业现代化水平较高、科学技术比较先进的综合性经济发展阶段。该阶段是抓生产、上水平、要效益的稳定发展阶段，整体注重规模与速度适度、注重提高与完善。

三 稳定增长阶段（1995—2000 年）

随着 1995 年《深圳市户籍制度改革暂行规定》《关于促进我市房地产市场发展的若干规定》的陆续出台，深圳市蓝印户口制度正式实施，并初步建立起技术、投资、房产入户的正式机制。在户籍制度功能逐步完善的过程中，深圳市整体的经济发展、劳动力市场进一步开放，社会保险体系和养老保险体系的进一步完善，这也使深圳户口的"含金量"进一步提升，它与深圳市包容性的户籍制度形成了良性循环，共同促进了深圳市的城市化进程。② 2000 年，深圳市人口总数达到 701.24 万人，其中户籍人口为 124.92 万人，非户籍人口达到 576.32 万人。在"九五"期间，深圳进行了"二次创业"，着力于将深圳的经济从粗放式和劳动密集型增长转向集约型和技术密集型增长。在此阶段，常住人口增长率大约在 9%，非户籍人口增长放缓，户籍人口增长平稳。

四 增长放缓阶段（2001—2010 年）

从 2001 年至 2010 年，深圳市的人口经历了"十五""十一五"两个阶段，2005 年，深圳市年末常住人口为 827.75 万人，全市人口年均增长速度为 3.4%；2010 年，深圳市年末常住人口为 1037.20 万人，全市人口年均增长速度为 4.6%；2015 年，深圳市年末常住人口为

---

① 陈波、张小劲：《城市户籍制度改革的困境与突围——来自深圳的经验启示》，《深圳大学学报》（人文社会科学版）2017 年第 3 期。

② 同上。

1137.87万人,全市人口年均增长速度为1.9%。[1] 可以发现,深圳市的年末常住人口虽呈增长趋势,但其增长速率在放缓。值得注意的是,2009年,全市常住人口995.01万,比2000年增加293.77万,年均增长率为3%左右,相对于之前9%以上的增长幅度,已经大幅降低。在此期间,户籍人口以每年10万人以上的增幅持续增长,而非户籍常住人口增长率却持续下降,并在2007年、2008年两年增长率为负,非户籍常住人口外流现象开始出现。同时,在"十二五"期间,深圳市常住非户籍人口数量的年均增长为-0.1%[2],可见深圳市非户籍常住人口外流现象仍在持续。

因为深圳市的流动人口占比大,流动人口统计口径的原因,关于深圳市人口的实际数据颇具争议,深圳市的人口数据是以居住满半年以上的常住人口为基本的统计口径。2006年深圳市公安局和出租屋管理办截至2006年7月10日联合清查的数据为1404万。在2010年,根据深圳市成立30周年的庆典的数据,深圳市居住超过3个月以上的人口超过1500万,其中常住人口不超过1000万人。中间的500万人差距主要表现为生产加工型企业人员流动,因为工作时间没有超过半年,没有纳入统计,但他们跨市流动的比例大约在20%,他们实际在深圳市居住的时间可能超过了6个月,这就形成了一个很大的统计漏斗。除此之外,深圳市还存在另一个庞大的无法统计的人群,这部分人居住在深圳市大大小小的"城中村"从事衍生生产与服务行业,流动性很强,而且数量庞大,据估计达到200万人以上。

五 人口趋向稳定阶段(2011年至今)

统计数据显示,2016年,深圳市拥有常住人口1190万,近6年(2010—2016年)年均增长率仅为1.9%。其中,户籍人口增长了近130万人,达到384万人,增幅达到53%。而在"十二五"期间,非户籍常住人口总量降低了2万。根据深圳市"十二五"规划目标,在

---

[1] 陈波、张小劲:《城市户籍制度改革的困境与突围——来自深圳的经验启示》,《深圳大学学报》(人文社会科学版)2017年第3期。

[2] 深圳市统计局:《深圳统计年鉴(2017)》,2017年12月19日。

2015年年底深圳户籍人口将达到400万，但这一目标并未实现。

进入"十二五"以来，深圳市一直努力扩大户籍人口，户籍人口比例虽然有所上升，但户籍人口与常住人口倒挂的问题依然严重，由此引出的资源配置等问题一直是制约深圳发展的难题之一。2012年，深圳市就已经取消大学毕业生个人申办接收院校限制，不再发布毕业生个人申办接收的毕业院校名单，实现大专及以上应届高校毕业生无限制引进入户。

2016年，深圳市提出了"来了就是深圳人"的口号，推出新的人口政策，出台了新的关于人口服务、居住与登记管理等人口服务管理的纲领性文件，规定了两项措施：一是优化人才引进政策，对人才入户量不设指标数量上限，引进新的增量人口适应产业更新和发展；二是新增居住社保入户渠道，将长期在深工作和居住的存量非户籍人口有序转化为户籍人口，优化人口结构，扩大户籍人口规模。该新政出台的目的，是为了改善当前人口结构严重倒挂的问题。2016年11月，深圳正式实施《深圳市人才安居办法》，对新引进基础性人才一次性租房和生活补贴标准提高至：本科生1.5万元/人、硕士生2.5万元/人、博士生3万元/人，补贴标准均是过去的两倍以上。

根据"十三五"规划，到2020年深圳市常住人口发展目标将达到1480万人。扩大户籍人口规模，优化人口结构和素质成为深圳经济社会发展中亟待解决的问题之一。在中国，教育、医疗等政府公共资源配置基础是户籍人口，但深圳的非户籍人口数量庞大，这部分人口的公共服务投入成为深圳市的庞大负担，不利于社会和谐持续发展。但同时，深圳市高房价成了常住人口转换为户籍人口的主要障碍，"十三五"时期深圳市户籍人口发展目标实现过程并不轻松。

第三节　深圳市人口发展的主要特征及其原因

一　深圳市人口发展的主要特征

在经济社会发展转型过程中，这样一种人口结构必然对社会公共政策构成严峻挑战。

（一）就业状态

从就业状态来看，外来人口主要依托传统产业，尤其是"三来一补"产业进行就业，大约占总人口数的一半，另外有大约200万以上人口从事各种非正式职业的衍生产业，包括"城中村"无牌无证商店、流动商贩和从事"灰色行业"的无业人员，而户籍人口主要在金融、高科技等支柱产业领域就业。

（二）年龄结构

从年龄结构来看，2010年《深圳蓝皮书》指出，目前国际国内许多城市逐渐面对人口老龄化问题。2009年年底，全国60岁及以上老年人口达1.67亿，占总人口的12.5%，截至2008年年底，上海市老龄化程度已达21.6%，部分大中城市核心区和部分地区老龄化程度也相继超过20%。根据国家统计局最新数据显示，2017年，全国人口中60周岁及以上人口24090万人，占总人口的17.3%，其中65周岁及以上人口15831万人，占总人口的11.4%。60周岁以上人口和65周岁以上人口都比上年增加了0.6个百分点。中国人口的老龄化程度正在加速加深。根据2016年深圳市社会性别统计报告，在深圳市人口年龄结构上，2016年，深圳市18—64岁的常住人口占总人口比重为81.13%，65岁及以上人口占比为3.27%。深圳市人口年龄中位数为31岁，其中，2016年，男性的年龄中位数为30.72岁，而女性的年龄中位数为31.31岁。[①] 可见，深圳市当前也面临着人口老龄化问题的严峻挑战。

（三）性别比例

从性别比例来看，根据2016年深圳市社会性别统计报告，截至2016年年末，深圳市户籍人口为404.78万，其中男性为206.83万，女性为197.95万人（占比48.90%），户籍人口性别比为104.48。在深圳市常住人口1190.84万中，男性常住人口633.62万人，占全市人口的53.21%；女性常住人口557.22万人，占全市人口的46.79%，常住人口性别比为113.71。在深圳市户籍迁入人口中男性11.36万，女性13.86万人，户籍迁入人口性别比为81.92。户籍迁出人口中男性1.2万人，女性0.82万人，户籍迁出人口性别比为146.04。可见，深圳市

---

① 深圳市统计局：《2016年度深圳市社会性别统计报告》，2018年4月27日。

在人口性别比上，男性多于女性，但男女性别数量差异在逐渐缩小。

（四）文化程度

从文化程度来看，深圳市户籍人口文化素质较高。深圳市户籍人口文化程度较低的人口比重较小，截至 2015 年，深圳市人口中大专及以上学历的人口比例约为 15%，高中或中专学历的人口比例约为 28%，而初中及以下学历的人口比例为 57%，其中变化幅度较大的是具有博士学历的人口比例，2015 年比 2014 年增加 489 人，增幅为 77%。[①] 深圳市的人口文化素质较为突出。但从深圳市内部来说，在原特区内人口的文化素质高于特区外，男性的文化素质高于女性，以受过大学教育的为例，男性占了近 2/3。

二 深圳市人口快速增长的原因分析

深圳自特区成立至 2016 年，常住人口年均增长率为 10.54%，户籍人口年均增长率为 3.5%，非户籍人口年均增长率为 53.4%，其人口的快速增长有以下几个方面原因。

（一）快速城镇化的历史潮流期

深圳自建特区以来，正是中国开始步入城镇化之际，当时中国刚开始实施家庭联产承包责任制，农村乡镇企业兴起，农民主要精力在承包的土地上，务工也主要在乡镇企业进行，同时因为住房、粮食供应等体制的限制，进城的欲望不高；后来，随着沿海经济的高速发展，新中国第一波"婴儿潮"已经成年，农村呈现大量的富余劳动力，农民不再满足于农村土地耕作，城市改革的持续推进，使粮油等问题有所松动，这为大量农民进城创造了良好条件；2000 年后，中国高等教育的普及性推广及中国内地经济开始高速发展，农村青少年上学比例大幅上升，农民进城速度持续下降，经济发达地区开始出现了用工荒。深圳能够吸引到上千万外来人口，其重要的前提是有源源不断需要转移的农村剩余劳动力。

（二）人口管理体制改革与创新期

人口问题是关系到经济、政治、文化、社会和生态全面协调发展的

---

① 陈东平：《深圳市人口结构分析报告——2015 年深圳蓝皮书》，社会科学文献出版社 2015 年版。

基础性、战略性问题。如何创造性地对人口管理体制进行改革，对市场经济的发展意义深远。由于在农村实行的家庭联产承包责任制，提升了农民的生产积极性，同时也产生了大量的剩余劳动力，推动人口向城市化进行转移。在改革开放的背景条件下，计划经济对人口的迁移限制作用逐渐削弱，各项限制人口迁移的粮油、户口等政策逐步松动与创新，为经济的市场化人力资源配置与人口的自由迁徙创造了良好的政策环境与制度保证。深圳市在人口管理政策方面，2003年，深圳在全国率先实行户口挂靠制度，允许市民将户口挂靠在亲友家中。2005年8月，由市政府印发了《深圳市关于加强和完善人口管理工作的若干意见和五个配套文件的通知》（深府〔2005〕125号）文件，在完善深圳市人口管理体制、控制人口规模、优化人口结构和提高人口素质方面发挥了重要作用。

2008年，深圳市居住证制度的正式实行为此后的入户积分制度奠定了基础。同年颁布的《中共深圳市委、深圳市人民政府关于加快建设现代产业体系推进产业转移和劳动力转移的若干意见》，明确提出加强完善人口调控机制，减轻人口压力，促进经济与人口、资源、环境的协调发展。在中央先后颁发城镇化总体规划、户籍制度改革意见等系列重要文件之后，于2014年开始，相应制定出由《若干意见》及《户籍规定》《居住规定》三个系列人口服务管理政策文件，为深圳市市场经济的稳定发展给予强有力的制度保障。2016年深圳市政府发布《深圳市人民政府关于进一步加强和完善人口服务管理的若干意见》及两个配套文件，"1+2"文件成为"十三五"时期深圳市户籍管理的纲领性文件，其中明确提到"扩大户籍人口规模，确保各类人才无障碍入户，增辟居住社保迁户渠道，将长期工作和居住的存量非户籍人口有序转为户籍人口"，这指明了实行积分入户制度之后深圳市户籍制度发展的新趋向。

(三) 改革开放的示范效应期

在改革开放前，我国有诸多对人口流动限制的制度与政策。深圳市率先打破户籍身份限制，允许外来人员居住、就业，并且在户籍制度改革方面进行了一些积极探索，率先在国内实行暂住证制度，率先在国内推行"户口挂靠"管理制度，积极推行人才入户政策。近年来，还颁发了人口管理、户籍迁入、暂住人口证件和居住管理、暂住人口就业管理、暂住人口子女接受义务教育管理和流动人口积分入户等系统完善的人口管理政策体系，对深圳市人口发展产生了巨大影响。

随着深圳市的户政管理制度的不断健全，外来流动人口可以通过引进人才，招调员工，接收应届毕业生，引进留学人员，投资纳税入户，军转干部安置入户，港澳台人员、华侨、加入中国国籍的外国人入户，各省市人民政府驻深圳办事处工作人员入户，博士后人员户口迁入，夫妻、父母、子女投靠入户，驻深部队现役军官随军家属随迁入户等多达11种途径实现落户，极大地推进了深圳市城市化的发展进程[①]。除此之外，深圳市率先在国内取消了粮油、猪肉、煤气的购物票证，率先进行劳务用工制度改革、实行劳动合同管理、实行劳资双方"双向选择"、首开劳动力市场、推进土地与住房改革、率先推进非户籍人口养老保险制度、建立全民医保制度，为广大非户籍人口解除了后顾之忧，率先打破了人口流动的制度障碍，形成了深圳市对人口的强大吸引力[②]。

(四) 农村城市改造的历史红利期

查振祥（2006）认为，深圳人口的高速增长，得益于产业结构、居住条件和衍生行业三个方面。深圳于20世纪八九十年代在各个镇、村投资兴建了大量的"三来一补"厂房与宿舍，同时这些产业又衍生出进料、加工、配套服务等新的需求，吸引了大量的人口；同时，深圳市是全国最早完成农村城市化改造的城市，但在发展过程中，为原深圳村民自己建设的住房提供了土地，村民通过分享深圳发展成果得到的资金在自有土地上建房出租，从而形成规模达270万套、出租面积超过1.5亿平方米、可容纳1200万人的城中村，"城中村"为外来人口提供了一个巨大的廉价容身场所，也为深圳经济发展作出了贡献，减少了深圳市政府在高速发展时提供的廉租房服务的投入，也为中小企业减少住房投入，促进各类中小企业降低创业成本。这些改革的成功实施，应归功于深圳市拥有独立的立法权，其先行先试的土地改革为深圳市快速吸

[①] 陈波、张小劲：《城市户籍制度改革的困境与突围——来自深圳的经验启示》，《深圳大学学报》（人文社会科学版）2017年第3期。

[②] 王世巍：《深圳市人口变迁的背景和动因》，《特区实践与理论》2009年第5期。

纳外来人口创造了巨大的社会空间，成为深圳社会发展的历史红利。

（五）香港衍生行业的辐射期

从20世纪60年代起，韩国、新加坡、中国台湾和香港地区先后推行出口导向型战略重点发展劳动密集型的加工产业，在短时间内实现了经济的腾飞。进入20世纪80年代，中国香港地区的劳动密集型产业受制土地、人口发展的限制，需要转型升级。因此，急需深圳承揽加工制造业，形成"前店后厂"的产销格局。深圳市毗邻香港，其改革开放恰逢其时。香港人到深圳来消费或公干，同时也有深圳人到香港消费、旅游或公干，形成了一个巨大的消费市场。此外，深圳市经济活跃，户籍人口消费能力强，流动人口虽然消费能力有限，但因为基数巨大，也形成了一个巨大的消费市场。这两大消费市场与本地的"城中村"结合，使外来人口享受廉价食宿和其他完整的服务链，这也吸引了大量外来人口进入深圳寻找工作或创业的机会。同时，深圳得天独厚的地理位置，为其产业、人才和经济的发展带来了先天优势，便利的交通，高科技产业的集群发展，为深圳的技术创新、产业升级和人才培养，营造了良好的发展氛围。

（六）高等院校的集聚期

深圳市作为中国设立的第一个经济特区，已发展成为有一定影响力的现代化国际化大都市，创造了举世瞩目的"深圳速度"。随着深圳市高端产业技术的发展，不仅吸纳了众多优秀人才和行业领军人物，也逐渐被打造成为人才集聚和培养的基地。2016年10月，深圳市发布了《关于加快高等教育发展的若干意见》，这是深圳市委、市政府推动高等教育全面发展的第一个文件。文件提出，未来10年深圳将建10所大学，到2025年，深圳高校将翻倍，达到20所左右，全日制在校生约20万人。力争到2020年，5—6所高校纳入广东省高水平大学建设计划；到2025年，3—5所高校排名进入全国前50所。

综观深圳高等教育的发展，深圳已建成和未来将筹建的大学大致可以分为三类：一是自给自足型的本土大学，即由深圳市自己筹建高校，如深大、南科大、深职院、信息学院等，还包括正在筹建的深圳技术大学。二是引入国内外知名高校在深圳办校区、学院，比如中山大学深圳校区、北京大学深圳校区、暨南大学深圳旅游学院等。三是和国内外知名高校合作办学兴建特色学院，比如深圳北理莫斯科大学、深圳吉大昆士兰大学等。未来深圳国际大学园将成为全国中外合作数量最多、水平最高的国际合作大学集聚区，有望打造为深圳的"中关村"、中国的"硅谷"。高等院校的集聚，将会使深圳市在人口数量和质量上的极大提升，助力深圳市产业科技的继续发展。

第四节　深圳市人口发展的问题

人口的快速增长既为深圳经济发展贡献了巨大力量，也构成了深圳市城市管理的巨大压力。深圳市的人口问题，特别是由外来人口激增所引发的各种问题，考验着深圳市政府的智慧，对人口问题的认识、以积极的态势与创新的思路去创造性地解决人口发展、调控、管理与服务问题，是涉及深圳市和谐、稳定发展的大问题。与中国其他城市相比，从形式与内涵上，深圳市的人口发展存在以下问题。

一　中西部崛起对农村剩余劳动力的争夺问题

2000年启动的中国西部大开发战略，西部十二省市将"调整结构，搞好基础设施、生态环境、科技教育等基础建设，建立和完善市场体制，培育特色产业增长点，使西部地区投资环境初步改善，生态和环境恶化得到初步遏制，经济运行步入良性循环，增长速度达到全国平均增长水平，使西部地区基础设施和生态环境建设取得突破性进展"作为第一阶段目标，计划利用10年时间完成。现在第一阶段的计划目标已经基本完成，在这十年中，已经成为西部经济增长最快、发展质量最好、综合实力提高最为显著的十年。同时，为促进中部地区（山西、江西、河南、湖北、湖南和安徽六省）经济快速发展，2004年，中共中央提出了"中部崛起"的战略。通过建设全国粮食核心主产区，建立先进制造业基地，加快老工业基地改造、资源型城市转型和国有企业改革，大力解决交通设施的薄弱环节，加强治理生态和环境，促进中部教育卫生事业发展，从而实现中部崛起战略，这两大战略的实施，中西部经济步入了快车道，对农村剩余劳动力的需求量逐步加大，深圳市外来人口的增长速度开始逐步减缓甚至在最近出现负增长，深圳自2006

年开始上演的"用工荒",至今已愈演愈烈。中西部对农村剩余劳动力的吸引,逼迫深圳加速转变经济增长方式、加快产业结构调整,以应对西部崛起对农村劳动力人口争夺的威胁。

二 刘易斯拐点及人民币持续升值来临对深圳加工型贸易生存威胁问题

刘易斯拐点是指劳动力过剩向短缺的转折点,由诺贝尔经济学奖得主刘易斯在人口流动模型中提出,指在工业化过程中,随着农村富余劳动力向非农产业的逐步转移,农村富余劳动力逐渐减少,最终枯竭(见图3-3)。

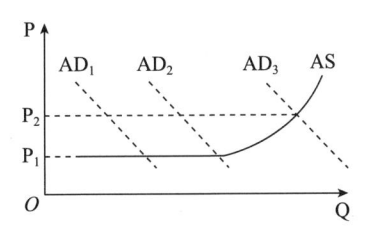

图 3-3 劳动力总供给曲线(AS)

如图 3-3 所示,横轴 Q 表示劳动力供给,纵轴 P 表示工资水平,AS 为劳动力供给实际变化曲线。工资水平长期保持不变劳动力过剩,随着 AD_1 右移至 AD_3 到了劳动力过剩向短缺的转折点,即刘易斯拐点,在过去劳动力人口一直供大于求,随着特定的背景因素的变化,如果不涨工资就招不到人,出现"民工荒"。

据深圳海关统计,2010 年深圳市实现进出口值 3467.5 亿美元,其中进口 1425.7 亿美元,同比增长 31.77%;出口 2041.8 亿美元,同比增长 26.01%。深圳成为全国第一个出口超 2000 亿美元的城市,同时荣获全国大中型城市外贸出口"十八连冠"。但是,在 2010 年度,仅深圳富士康一家加工贸易企业出口额就达 480 亿美元[①],加工出口贸易额在深圳出口企业中占据了很大的比重。而最低工资持续上涨、劳动力

---

① 杜啸天:《富士康深圳去年出口额达 480 亿美元》,《南方日报》2011 年 1 月 7 日。

短缺持续加剧、人民币持续升值,导致出口加工型企业靠人口红利①维持国际低成本竞争的优势即将消失。深圳市出口加工型企业面临着生存危机,国内外形势逼迫着这些企业进行战略调整与产业升级。

三 全国各地经济高速发展对中高端人才的争夺问题

人才既是一个地区经济发展的核心竞争力,也是地区创新发展的原动力。随着内地经济持续高速发展,其对人才需求日渐旺盛,各地对人才的争夺战升级,各地编制"十二五"规划时都不约而同提到了要大力引进高端人才,很多省份都明确提出了引进人才数量与质量目标,制定了明确的科研环境建设、科研资金资助、人才落户奖励等优厚的人才引进优惠政策。"孔雀东南飞"的现象已经不再明显,深圳人才外流的现象开始出现。

据有关报道,在 2010 年,IT 人才外流的方向更为明显。2010 年,深圳市人大常委会第 34 次会议公布了关于中小企业发展情况的调研报告,报告显示中小企业的人才匮乏的一个重要表现就是,职业经理人等高端人才和掌握核心技术的关键性人才严重缺乏。近两成的高新技术中小企业受人才问题影响而难以进一步发展,超过六成的高新技术中小企业面临技术研发人员短缺,很多企业研发机构外移,出现研发"空心化"问题。深圳市在改革开放前期,凭借独立的立法权产生的政策优势和经济特区所产生的经济率先发展优势,对人才产生了巨大的聚合力。而现在,随着其他省份在引才方面的不断完善和重视,深圳市在政策、经济方面的优势渐渐地处于弱势,对人才吸引力逐渐降低。

当前,在全国各地上演的"抢人大战"中,深圳市出台了《关于促进人才优先发展的若干措施》规定,规定中指出,杰出人才可选择 600 万元的奖励补贴,也可选择面积 200 平方米左右免租 10 年的住房,选择免租住房的,在深圳市全职工作满 10 年且贡献突出并取得本市户籍的,可无偿获赠所租住房或给予 1000 万元购房补贴。此外,符合条

---

① 根据百度百科的解释,人口红利是指一个国家的劳动年龄人口占总人口比重较大,抚养率比较低,为经济发展创造了有利的人口条件,整个国家的经济呈高储蓄、高投资和高增长的局面。目前中国经济增长的 27% 得益于"人口红利",与此前"人口红利"对日本、新加坡等国经济腾飞的贡献率基本相当。

件的其他高层次人才,在享受相关奖励补贴的同时,既可选择最长3年、每月最高1万元的租房补贴,也可选择免租入住最长3年、面积最大为150平方米的住房。可见,人才的争夺问题愈演愈烈。

四 高消费水平对人口"挤出效应"问题

香港《文汇报》报道,曾经是港人平价消费乐园的深圳,因深圳的物价已超过香港,港人在内地消费纷纷回流。如今在深圳,无论是公司白领、购物达人还是家庭主妇,都对赴港"打酱油"已经成为不少深圳人日常生活的一部分。对于外来人口而言,物价高企,生活成本居高不下,加上内地工资水平上涨,而内地消费水平低,使很多人才纷纷选择回乡发展。根据深圳市的一家高新技术企业对近三年流失的技术人才进行离职后回访调查统计结果显示,有37%的人才离职选择了离开深圳回家乡发展。

除此之外,深圳市的房价已经高居全国前列,70%以上的白领人员按现有的薪资水平工作一辈子也难以还清房贷,这让他们把深圳当成了暂时栖身之地,很多优秀人才不愿到深圳发展。超过六成的高新技术中小企业面临技术研发人员短缺,很多企业研发机构外移,出现研发"空心化"问题。同时,受房价快速上涨、个人生活成本增高等因素影响,人才流失现象严重[①]。

在2011届大学毕业生引进方面,深圳的企业要开出比内地企业高1500元以上薪资才能招到合适的毕业生。因为深圳高昂的房价,出于生活的理性考虑,很多毕业生明确表示不考虑在深圳就业。后备人才难以引进、高层人才外流、消费水平高企,这些对人才挤出效应日渐明显。"十二五"时期,深圳市非户籍常住人口实现负增长,这说明深圳市高昂的居住与生活成本问题,已经成为制约深圳市人口发展的重大问题。

五 人口高速增长与公共基础服务设施配套建设问题

人口规模是把"双刃剑",从经济发展角度看,作为生产要素的人

---

① 张莹:《高房价深圳如何留住人才 "挤出效应"成城市之痛》,《深圳商报》2010年1月28日。

口，特别是一定素质的人口是经济增长的源泉，越多越好；从社会发展角度看，作为管理和服务对象的人口，越少压力越小。深圳市是全球成长最快、规模最大的移民城市之一，同时也是最年轻、人口增长最快的城市。从一个以农业为主、城镇人口只有3万人的小村镇，成长成拥有常住人口891万人，实际服务人口超过1500万人的大都市，深圳市只用了30年时间。而在这30年中，深圳市第一个五年是以公共基础设施为导向，而后的25年，城市治理的重心放在提升经济效益，扩大经济成果，促进产业升级、企业转型上。而在基础设施的建设过程中，深圳市政府基本属于被动适应深圳社会的发展，被动地推进教育、交通、卫生等公共基础服务建设的。

在医疗卫生方面，由于流动人口长期处于"边缘"地带，在户籍制度的屏蔽作用下，深圳市的卫生资源配置是以本地居民为标准的，没有考虑到大量外来人口的卫生服务需求。虽然在深圳设置了很多社区健康服务站，但基本都是有偿服务，同时社区的基础设施和医疗水平与大医院具有较大差距，而流动人口因为经济承受能力弱，"看病贵、看病难"，造成他们"小病靠忍、大病靠扛"的情况普遍存在。另外，所有大小医院床位紧张，有些医院住院需要提前一个月进行预约；在教育方面，深圳常住人口中大专及以上比例从1990年"四普"时的4.46%升至2008年的16.29%，增加近12个百分点，增幅达265%，表明深圳高学历人口大幅增加；高中层次人口从1990年的19.19%增至2008年的24.23%，增加5个百分点，增幅为26%，呈缓慢增加态势；初中文化人口在2000年"五普"时达到54.26%，之后下降至2008年的46.46%，呈下降趋势；小学及以下人口在1990年时一度达到25.61%，之后一直保持在13%左右。总体来看，深圳人口素质在不断优化，高素质人才大幅增加，但人口整体受教育程度偏低，特别是初中及以下学历人口比重一度高达近70%，近年来仍接近60%。[①] 另外，在深圳市，小学与中学学位紧张，一个公立学校的小学学位明码标价3万元到5万元进行出售，靠近公立学校旁的商品房价格也比一般住房高

---

① 李亚军：《深圳市人口发展的几个基本问题》，《深圳职业技术学院学报》2011年第4期。

出不少；在交通方面，深圳市也如同其他城市一样，交通日渐拥挤，人们出行成本日渐增长。

总体来说，深圳市现有医疗卫生、教育培训、交通出行等公共基础设施建设，仍滞后于深圳现有人口规模增长。

六 户籍人口与非户籍人口倒挂问题

进入21世纪后，深圳户籍人口机械增长速度快，在全国同等城市中，深圳目前的户籍迁入政策最为宽松，"十一五"期间户籍人口机械增长达到60万人，2010年年末户籍人口规模预计达到260万人，但常住人口中，非户籍人口与户籍人口之比仍接近1∶3，户籍人口倒挂现象仍很突出。深圳市非户籍人口自1987年首次超过户籍人口以来，人口倒挂现象越来越严重。截至2017年年底，深圳常住人口1252.83万人，比上年年末增加55.08万人。其中常住户籍人口434.72万人，增长11.3%，占常住人口比重34.7%；常住非户籍人口818.11万人，增长1.4%，占比65.3%。只占总服务人口（以1400万计）的17%左右。在以移民国家著称的澳大利亚、加拿大等国家，移民只占总人口的20%左右。在上海、广州、北京等地，外来人口也只占20%—30%，深圳外来人口与户籍人口倒挂，另外，深圳户籍人口家庭规模小、集体户口人数比重大。因为户籍对深圳市外来人口公共福利的屏蔽，同时深圳市以房价为代表的高消费水平，造成了深圳市外来人口对深圳的归属感较低、人员流动性大，构成了"铁打的城市，流水的市民"这一奇特的城市人口特征。这一特征给深圳市城市公共基础设施建设、公共服务分配、人口的规划与管理带来了诸多不确定因素，不利于市政府为外来人口提供高品质的基础福利与公共服务。

七 城市战略发展与人口配套转型的问题

深圳市的城市化进程与其工业化进程直接相关。深圳由一个几乎没有现代工业的偏远村镇，"跳跃式"发展成为全国名列前茅的工业化城市，连续十八年成为中国最大的贸易出口城市。在三十年的发展过程中，深圳逐渐对工业经济、国际资源产生强大的依赖性。深圳目前仍处于工业化进程之中，一般加工贸易业仍占据深圳工业经济的重要地位。

加工贸易业虽然产值巨大，但利税较低，产业链条短、用工门槛低，大多数属于劳动密集型产业。

在国际资源利用方面，因为毗邻香港，香港在深圳的投资对深圳经济发展起到了重要作用。但这些投资还是以加工贸易为主，在高新技术产业方面涉及较少，对深圳市的产业升级拉动作用有限。随着消费水平的上升、人工成本的上涨、人民币持续升值、内地竞争力日渐增强等诸多不利的竞争性因素，建立在对土地资源和廉价劳动力资源巨大耗费基础上的粗放增长模式，受到了可开发土地短缺，土地、能源和劳动力成本上升，产业政策导向转移，国际市场竞争压力增强，高新技术产业快速崛起等诸多因素的挑战，深圳多年来依托的以低技术含量和低附加值为主的传统产品加工贸易产业结构已经难以为继，深圳市进行产业结构转型与调整，才是支撑深圳持续高速、稳定发展的可行出路。

"十一五"期间，深圳市将计算机通信、软件、数字视听、光机电一体化、电子元器件、二次电池等作为优势产业进行发展；同时扶持生物医药、精细化工、集成电路、第三代移动通信、汽车电子、半导体照明、新型平板显示、数字内容、再生能源、环保等新兴产业；并将培育下一代互联网、新型功能材料、信息安全、射频识别、高性能计算机、网络电视等幼苗产业。经过五年的发展，在"十二五"规划中，深圳已经定位于将互联网、生物医药和新能源作为未来发展的重点产业。

在"十一五"期间，深圳市通过税收、资金扶持、政府服务等诸多优惠政策对新兴产业与机会产业进行培育，同时实施"腾笼引凤"等产业政策引导，寄望于培育高智能与高附加值的产业，淘汰落后产业、引导加工制造业进行升级与转型、推进产业高端化发展，从而降低对一般加工业的依赖，也取得了一定的成效。但是，新兴产业的培育、产业的升级、企业转型，都涉及相应的人力资源的配套，深圳市现在沉淀下来的技术人才都是在"十五""十一五"期间跟随着高新技术产业一起成长起来的人才，他们能否适应深圳市新的产业战略尚未可知。同时，虽然深圳市对引进高级人才方面给予很多的政策优惠，也取得了良好成效，但是深圳市对中低端人才吸引力优势不再，中低端人才的现状是"现有人才留不住、外部人才引不进来"，人才断层与空心化危机初显。

八 人口素质两极分化严重[1]

由于深圳经济的先发优势与其他综合吸引力缘故，大批外来人口进入深圳，为深圳发展做出了巨大贡献。深圳大力培育高新技术产业，成效明显，也给深圳市吸引与留住了大量高素质的人才，但以劳动密集型为基本特征的加工贸易业仍然占据了深圳主导地位，同时也聚集了大量高中及以下文化程度较低的人口。根据2015年《深圳年鉴》的数据，具体情况见表3-1。[2]

表3-1 2015年深圳市受教育人口与全国人口的对比

受教育程度	深圳市 比例（%）	全国 比例（%）
大专及以上	22.67	17.51
高中	25.29	12.27
初中	33.27	38.32
小学	11.45	26.22

虽然深圳市拥有大量文化素质较高的人口，深圳市每10万6岁以上人口中拥有大专及以上教育程度人口比例比全国高出近10个百分点，而且还拥有近170多万技能人才队伍，其中全市高级工以上技能人才发展到了30多万人，技师以上技能人才发展到了1万多人，还拥有800多名国家与地方领军级高层次人才，但深圳也拥有大量文素质较低的人口，深圳市每10万6岁及以上人口中拥有初中和小学教育程度的人口比例也比较高，达到了59.5%。

人口素质差异过大，是深圳市工业化初级阶段的必然产物，但是在工业高端化升级时，将会成为阻碍产业转型的障碍性因素。因此，深圳市人口置换和素质提升的巨大压力不言而喻。

---

[1] 王世巍：《深圳市三十年人口发展回顾与思考》，《南方论坛》2010年第3期。
[2] 深圳市统计局：《深圳统计年鉴（2009）》，中国统计出版社2009年版；中华人民共和国国家统计局：《中国统计年鉴（2009）》，中国统计出版社2009年版。

九 "城中村"改造与外来人口住房问题

在深圳,由原居民自发建设、自治管理的"城中村"达到300多个,居住了700多万人口。它们满足了大量中低端收入者低成本居住的巨大需求,成为吸纳外来人口的主要载体。在过去相当长一段时间内,"城中村"为深圳的发展做出贡献,缓解了因政府公共住房建设投入不足的矛盾,降低了中低收入者的生活成本。但是,"城中村"存在大量非正式的"地下"经济行为、容纳了大量非正式就业人口(流动商贩和从事灰色经济的人员)、大量存在安全隐患和格局混乱的建筑物,这与现代都市形成了巨大的反差,不利于城市进行整体规划,对城市法制化管理造成巨大冲击、给城市安全造成隐患,对流动人口的管理造成巨大困难。因此,对"城中村"的改造将成为必然趋势。近年来,深圳市加快了"城中村"改造的步伐,但一些问题已经开始显现。

但是,根据有关资料显示,深圳市工业区配套的员工宿舍加上深圳市提供的廉租房只能容纳不到300万人。"城中村"的消失,中低端收入者没有经济能力租住商住房,更没有能力购置商住房,他们将何去何从?深圳市政府显然意识到这个问题,2017年一次性规划政策性住房5万套,其中廉租房3万套,但这相对于庞大的中低收入人群而言,是杯水车薪。

十 人口密度与资源限制问题

2010年1月,美国《福布斯》杂志公布了世界人口最稠密城市排行榜,深圳仅次于孟买、加尔各答、卡拉奇、拉各斯,以17150人/平方千米的人口密度名列第五,并成为名副其实的大中华地区"最拥挤"城市。在中国范围内,紧随其后的是台北、上海、北京、天津,其中,深圳比起上海的13400人/平方千米及北京的11500人/平方千米高出许多。虽然《福布斯》提供的数据还有较大的争议,但深圳人口密度全国第一的事实,得到国内外专家学者的一致认同。人口密度大且分布不均,给配置公共资源、提高公共服务水平带来压力。在这种城市环境中,无论是公共服务还是资源分配都承受着巨大的压力,城市交通、教育、休闲娱乐配套等均在超负荷运作,土地资源开发、水资源利用、环境治理与建设难以为继,人口与城市空间承受力、与生态环境承载力矛盾凸显。按照深圳市"十二五"规划,深圳市在2020年,人口规模将控制在1100万人,按这样的规划,深圳市将有至少400万人要从深圳转移出来。这对深圳市经济发展、产业调整、人口管理等诸多方面带来了挑战。

第四章 深圳市户口迁移制度改革

因为现行户籍迁移制度对人口流动所产生的不利影响被人们充分认识，近年来全国各地不同程度地进行了户籍改革，与国内其他几个超大城市一样，在这一改革面前深圳采取了比较慎重的态度。深圳是中国移民最多、流动人口增长最快、人口密度最大、年龄结构最年轻、户籍人口与非户籍人口倒挂最严重的超大型城市，同时对管理与服务人口数量来说也是中国的超大城市之一，经济实力在全国的城市中名列前茅。由于深圳市的特殊情况，其人口管理特别是对外来人口管理问题的复杂性远在国内其他地区之上，其现行的户籍管理已经从单纯的农村城市化进程中"农转非"转入流动人口的管理。可以说，深圳人口管理的成功或失败，对中国的户籍制度未来的改革路线将产生重大的影响。

在改革开放初期，深圳的户籍管理制度改革率先打破户籍对人才流动的制约，对许多人才给予落户政策。因为经济的高速发展和比较宽松的户籍政策，使深圳的人口规模急剧增加、户籍人口的就业压力增大，在这种背景下，深圳开始了对外来人口落户进行严格控制。后因发展原因，对特区内外进行了两次全面的"农转非"改革，全面完成了农村城市化改造。至此，深圳市户籍改革工作重心转移到对外来人口的户籍迁入与流动人口福利均等化方面。

第一节　深圳市户口迁移制度改革的压力与动力

一　改革的压力分析

户籍制度改革，是指对以《中华人民共和国户口登记条例》为法律依据确立的一整套户口管理制度进行的，广泛深入改良的一项新举措，是继20世纪80年代实行家庭联产承包责任制后又一次"解放"农民的革命。户籍制度，是一项基本的国家行政制度。我国传统的户籍制度是与土地直接联系的，以家庭为本位的人口管理方式。现代户籍制度是国家依法收集、确认、登记公民出生、死亡、亲属关系、法定地址等公民人口基本信息的法律制度，以保障公民在就业、教育、社会福利等方面的权益，以个人为本位的人口管理方式。当代中国的户籍制度是计划经济体制的最深印痕，已经成为经济社会发展的桎梏，迫切需要进行改革。2014年7月30日，备受关注的国务院《关于进一步推进户籍制度改革的意见》正式公布。2016年9月19日，北京市关于《进一步推进户籍制度改革的实施意见》正式出台。截至目前，包括北京在内已经有30个省份出台户籍制度改革方案。

1993年6月，国务院出台了《国务院关于户籍制度改革的决定（征求意见稿）》，标志着户籍制度的改革已经上升到了国家高度。随后在全国各地进行户籍改革试验，为中国逐渐推进的户籍改革，探索了新的途径。广东省的户籍管理改革，也对深圳市人口管理产生重大影响。这些影响主要表现在以下几个方面：

（一）中国经济均衡发展战略对流动人口的争夺

流动人口是我国改革开放和现代化建设的强大推动力量。不断扩大的流动人口已成为我国改革开放和现代化建设的重要动力源，促进了我国经济社会发展模式的转变。根据国家卫生计生委流动人口司发布的《中国流动人口发展报告（2017）》显示，2016年，中国流动人口规模为2.45亿人，相当于每5个人中就有1个人是流动人口。

改革开放以来，中国经济长期保持高速增长，2010年我国已经进入中等偏上收入国家行列。这些成就与中国的城市化进程和劳动力转移定然是密不可分的。一方面，流动人口已然成为中国经济高速增长的重要基础和保证。李扬和殷剑峰（2005）的研究认为，影响中国经济增长的基础性因素之一在于劳动力的转移，这种转移的持续时间和转移后劳动力边际产出的变化，决定了中国经济可持续发展的时间和空间；高储蓄率和高投资率则是这种增长模式的必需和必然。① 王智勇（2013）基于全国地级市数据的测算表明，从平均水平来看，流动人口每增加1%，会带来地区 GDP 增长 0.54%；而地区 GDP 每增长 1%，会促进地区内流动人口增加 0.52%。② 根据袁训国（2017）测算（见表 4–1），1978—2015 年流动人口对中国经济增长的贡献为 19.92949%，其中 1978—1989 年最高，达到 57.79125%。而在 1988—1991 年由于实行流动人口管制政策，劳动的配置效应最低；1992 年邓小平南方谈话之后，流动人口的劳动配置效应才回升；在 2003—2008 年中国经济高速发展的时期，流动人口对经济增长的贡献率超过 40%。③

表 4–1　流动人口对经济增长的贡献（劳动配置效应）

年份	"丹尼森效应"	贡献率（100%）		
		劳动投入	劳动生产率	劳动配置
1978—2015	6.074995	6.132	73.9390	19.92949
1978—1981	40.5175	39.313	12.4166	48.27037
1978—1989	70.52957	28.062	14.1467	57.79125
1983—1989	46.14815	26.473	27.9552	45.57152
1988—1991	-5.70306	114.15	-10.7685	-3.38551
1978—1996	22.5943	7.038	54.1676	21.2567
1978—1997	21.51348	23.739	43.8906	32.93959
1980—1997	14.43274	13.165	52.8314	23.4296
1982—1997	15.63225	13.432	50.6542	26.80385

---

① 李扬、殷剑峰：《劳动力转移过程中的高储蓄、高投资和中国经济增长》，《经济研究》2005 年第 2 期。

② 王智勇：《流动人口与经济发展——基于地级市数据的研究》，《现代城市研究》2013 年第 3 期。

③ 袁训国：《流动人口对中国经济增长的贡献研究》，《中国物价》2017 年第 3 期。

续表

年份	"丹尼森效应"	贡献率（100%）		
		劳动投入	劳动生产率	劳动配置
1990—2000	8.13538	2.727	67.3950	19.17273
2001—2015	7.282163	6.063	71.4362	25.83693
2001—2005	7.01927	3.704	71.7238	22.2128
2003—2008	13.79357	3.654	55.7648	40.53142

另一方面，流动人口对地方经济和财政收入的贡献也不容小觑。许学珍（2013）的流动人口对经济增长的贡献率模型测算结果表明，2000—2011年期间北京市流动人口对经济增长的贡献率均在20%以上，且总体呈现上升趋势。许学珍认为，"当人们讨论流动人口给城市管理带来压力的时候，也应该看到他们为北京市经济增长做出的巨大贡献"，"流动人口对经济增长的贡献率不可忽视，但却没有得到相应的待遇"。[1] 曹洋（2015）的研究认为，北京市的经济发展正逐渐摆脱对资本和劳动的高度依赖，逐渐转向依靠技术进步。但是依然可以看出，北京市常住外来人口规模以及结构特征各要素对经济增长的拉动作用达到了36.2%。常住外来人口对北京市地区生产总值的影响不仅表现在对经济增长直接拉动上，还表现在改善了人口的年龄结构特征，降低了企业的劳动力成本，常住外来人口社保缴费成为社保基金结余的重要来源。[2]

根据杨胜利和高向东（2012）的计量经济模型，1988—2010年，外来劳动对上海市经济增长的平均贡献率为34.55%，有效地缓解了户籍劳动力不足的局面。[3] 张力（2015）的研究认为，虽然流动人口中有大量并未参加社保或者缴纳个税，但是流动人口的消费对于地方税收的

---

[1] 许学珍：《北京市流动人口对经济增长影响的实证研究》，硕士学位论文，首都经济贸易大学，2013年。

[2] 曹洋：《基于C-D生产函数的北京常住外来人口对经济增长贡献度研究》，《商业经济研究》2015年第19期。

[3] 杨胜利、高向东：《外来从业人口对流入地经济发展的影响研究——以上海市为例》，《经济体制改革》2012年第6期。

贡献仍然非常可观。① 根据张铁明（2013）的计算，2010年广东省3128万流动人口GDP总贡献9094亿元（人均为2.91万元），对2010年全省财政收入贡献2368亿元（人均为7572亿元），对2010年全省教育财政贡献约181亿元。笔者认为，各地对地方GDP和财政收入进行统计时，往往把流动人口带来的人口红利丢开不论，仅以户籍人口计算，累加进本地户籍人口之上拉大平均值来彰显政绩，却不为流动人口提供充足的公共服务。②

刘锦和林晓俊（2018）对东莞8个经济发达镇的研究表明，地区生产总值增长1个单位，人口集聚规模增长0.13个单位；公共安全支出增长1个单位，人口集聚规模增长0.61个单位；教育事业支出增长1个单位，人口集聚规模增长0.94个单位。笔者建议完善各项基本公共服务的供给是推进和巩固城镇化发展的重要政策举措，也只有在不断提升基本公共服务供给的前提下，经济增长和人口集聚才能互相促进，从而为城市发展提供经济活力和人口动能。③ 根据姜春芽（2014）的研究，温州市流动人口对固定资产投资的影响，基本上是随着流动人口数量增长而增长；而在流动人口减少的年份，固定资产投资增量也趋缓。④

李庄园（2017）的研究认为，2012年与2003年相比，总流动劳动力对宁波市GDP的贡献增加了8倍，对财政收入的贡献也增加了将近8倍。由于第二产业比第三产业能吸纳更多的流动劳动力就业，且第二产业流动劳动力对宁波市财政收入的贡献也超过第三产业，可见，流动劳动力的规模仍然是影响其所在产业对财政收入的贡献大小的重要因素。⑤ 按照《国家新型城镇化规划（2014—2020）》的目标，2014—2020年全国将新增1亿农村人口转移到城市，年均新增约1667万人。

---

① 张力：《流动人口对城市经济贡献剖析：以上海为例》，《人口研究》2015年第4期。
② 张铁明：《民办学校得到政府财政支持是应有的天然权利——论民办学校家长群体是社会财富和政府财政的直接贡献者和受益者》，《广东第二师范学院学报》2013年第1期。
③ 刘锦、林晓俊：《快速城镇化背景下外来人口集聚与公共服务供给关系研究——以东莞经济发达镇为例》，《东莞理工学院学报》2018年第2期。
④ 姜春芽：《农村流动人口对温州经济影响研究》，硕士学位论文，浙江海洋学院，2014年。
⑤ 李庄园：《流动人口对大城市经济增长和财政收入贡献研究——基于宁波市数据的测算》，《山东工会论坛》2017年第6期。

都阳和蔡昉等（2014）测算，通过深化户籍制度改革，持续吸引农村人口到城市就业和落户，每年约带来2个百分点的GDP净收益（超过1.2万亿元）。如果户籍制度和与之相关的福利、公共服务能够及时、全面、彻底改革，推动劳动力的自由流动，将能够为中国经济发展注入新的活力。[①] 随着中国"允许一部分人先富起来"的东南沿海经济优先发展战略重心转向"西部大开发"战略，再到"中部崛起"战略，全国内陆各地经济开始加速发展，内地开始承接沿海发达地区的产业转移，流动人口本地化就业趋势明显。

基于流动人口对推动经济增长的影响因素，各地陆续出台各类吸引流动人口就业的政策与措施，同时流动人口对个人权益的追求欲望也日益强烈，东南沿海对外来人口的吸引力开始下降，统计数据显示，深圳市外来人口增长趋势日益放缓，2007年深圳市常住非户籍人口首现负增长，这使深圳市被动加快户籍改革的步伐。

（二）中国法制的完善推动全国性人口公共基础权益均等化发展

《中国法制实施报告（2016）》指出，2016年中国法治实施成效显著，法律效力进一步增强，实施效率进一步提高，法制实施的法律效果和社会效果持续提升，改革引领、加速覆盖、创新驱动、系统优化、共同施治的法治实施体系建设格局正在形成。[②] 随着对外改革开放的深入推进，中国与国际社会的互动越来越深，外资企业率先在中国推进基于不使用童工、不强迫劳动、关注职业健康与安全、保障劳动者不受歧视等劳动权益保障的SA8000[③]管理体系认证，中国很多外贸型企业也基于国际社会的要求被迫进行SA8000的认证，在认证的过程中，实际是对全体劳动者进行了一次普法教育。后来，中国推行大学普及性教育，中国劳动人口的素质有了较大提高，对自身的劳动权益法律意识日益加强。随着中国的劳动法、劳动合同法、就业促进法、社会保险等一系列法规的出台，推动了劳动者权益保护制度日益完善。

[①] 都阳、蔡昉、屈小博等：《延续中国奇迹：从户籍制度改革中收获红利》，《经济研究》2014年第8期。

[②] 中国行为法学会、中南大学：《中国法治实施报告（2017）》，法律出版社2017年版。

[③] SA8000即"社会责任标准"，是Social Accountability 8000的英文简称，是全球首个道德规范国际标准。其宗旨是确保供应商所供应的产品，皆符合社会责任标准的要求。

（三）庞大的中国流动人口推动的中国户籍改革压力

国家卫生计生委流动人口司于 2017 年 11 月发布的《中国流动人口发展报告（2017）》显示，2016 年，中国流动人口规模为 2.45 亿人。[①] 改革开放以来，中国多达 2 亿的流动人口这一独特现象，引起了国内外社会的广泛关注。一方面，数量日益庞大的流动人口呈规模、季节性的跨地区流动，对我国各级政府的社会管理能力提出了严峻的挑战。外来人口的管理依然是我国政府人口管理乃至整个社会管理的一项重要内容，同时也是其中极其薄弱的一个环节。另一方面，随着人口老龄化速度不断加快，老龄问题与老龄事业发展已成为人们高度关注的一个社会问题。老龄人口规模不断扩大，高龄化速度持续加快，势必对经济、社会、家庭等各方面产生深远影响。其影响主要表现在：一是老年抚养比上升，社会整体养老支出的负担增加；二是老龄人口的增加改变了社会整体生产人口与消费人口的结构比例关系，进而通过产业结构、就业结构、投资结构的变化，最终影响到经济结构的变化；三是传统的家庭养老功能逐步弱化，从而引发了代际关系在供养方式、居住方式、照料方式、交往与沟通方式等方面的改变，家庭养老功能部分向社区和社会养老转移成为必然趋势，导致社会化养老服务需求不断增加，异地养老成为社会管理过程中必然面临的问题。还有一方面，城市扩容提质背景下的发展新格局对人才梯队建设的需求增大，而城乡一体化发展推动下的人口回流对城市人才梯队建设的需求压力也随之增加。对外来人口的法制化管理成为我国人口管理中的一个较为突出的特征，这一特征体现了我国政府在社会管理法制化方面所做的努力和所取得的进步。随着我国经济社会发展水平的提高，户籍及相关管理制度的改革推进，以及社会承受能力的增强，他们的基本权益保护与改革在自身诉求与舆论监督的双重压力下，得到逐步推动与完善。特别是 2005 年以后，党中央国务院出台了关于促进就业公平和流动人口特别是农民工权益保护的一系列法规或指导性文件，各地不得不取消收容遣送费、取消流动人口子女入学借读费，进一步降低户口迁入门槛，促进户籍人口与外来人口的公共

[①] 中国新闻网：《国家卫计委：中国流动人口总量连续两年下降》，http://www.chinanews.com/gn/2017/11-10/8373033.shtml。

基础性权益保障均等化。

《中国流动人口发展报告（2017）》分析称，2016年中国流动人口规模持续下降，转移势头也有所减弱。数据显示，中国流动人口总量在2011—2014年持续增长，由2011年的2.30亿人增长至2014年的2.53亿人。自2015年流动人口总量开始下降，2015年、2016年中国流动人口总量为2.47亿人和2.45亿人，分别较上一年减少568万人和171万人。这一情况的出现，主要是由于户籍制度的改革，部分流动人口在流入地落户转为新市民。尽管6年来流动人口在总人口中的占比有升有降，但仍保持较大比重。可以预见，今后较长一段时期，大规模的人口流动迁徙仍将是中国人口发展及经济社会发展中的重要现象。[①]因此，拥有全国最多外来人口数量的深圳市，在户籍制度改革相对滞后的背景下，来自社会和公众舆论的压力显然不容忽视。

（四）深圳市产业结构调整的压力

流动人口跨区域和行业的转移，促进了产业结构的调整和生产要素的合理配置和优化组合。在深圳特区成立初期，其产业主要以劳动密集型的二次加工业为主，其盈利模式大多是人口红利基础上低人工成本竞争，经济效益低下，发展难以为继。深圳市在20世纪90年代以大力发展高新技术产业为主要战略目标，通过大力发展民营科技企业，以解决本土经济的不足。早在80年代后期，深圳就制定了发展民营科技企业的规定。华为、中兴等企业就是在这一时期发展起来的。同时，注重引进外资的质量，以避免出现香港资金技术含量较低的状况。1998年年初，深圳出台了《关于进一步扶持高新技术产业发展的若干规定》，对高新技术企业的技术创新活动给予更优惠的政策扶持措施，力图缩小深圳在全球产业分工模式中与高附加值产业之间的距离。这些产业政策对增创深圳经济发展的新优势作用明显。因此，深圳坚持高效益、高品质和可持续发展的战略，就需要放弃一部分低素质的外资，减缓外来低素质劳动力进入，通过吸引高素质劳动力来置换现有低素质劳动力，从而降低对灰色GDP（相对绿色GDP而言）的依赖。建立适应产业政策调

[①] 国家卫生和计划生育委员会流动人口司：《中国流动人口发展报告（2017）》，中国人口出版社2017年版。

整的人口管理政策，已成为深圳市政府的必然选择。

（五）外来人口群体的权益诉求的压力

深圳市庞大的外来人口中，有三类人对户籍制度改革形成了较大压力：①非户籍的白领阶层，这一部分人群占深圳市外来人口较大比例，他们受教育程度较高，职业地位也较高，生活形态与有户籍的人差异较小，追求公平权益的意识与欲望强烈；②非户籍的投资创业人口，这些人数量虽然不多，但具有较强的经济实力，社会影响力较强；③户籍人口的直系亲属，这些人大部分与自己的亲属共同生活，基本上融化在本地社区。以上三类外来人口，他们的生活已经和深圳市紧密结合，而深圳市也离不开他们，给予他们放宽户籍迁入门槛，实际上只是对客观存在的承认。在深圳市，这三类人口社会地位较高并且数量众多，他们的呼声得到的同情与支持也日益增加，影响力正在不断上升。

（六）流动人口治理的压力

改革开放以来，中国多达 2 亿的流动人口这一独特现象，引起了国内外社会的广泛关注。数量日益庞大的流动人口及其呈规模、季节性的跨地区流动，对我国各级政府的社会管理能力提出了严峻的挑战。外来人口的管理依然是我国政府人口管理乃至整个社会管理的一项重要内容，同时也是其中极其薄弱的一个环节。根据深圳市统计局 2018 年 4 月公布的《深圳市 2017 年国民经济与社会发展统计公报》中的数据，深圳市 2017 年年末常住总人口数接近 1300 万人，其中户籍人口数 435 万人，非户籍人口数为 820 万人，非户籍人口占常住人口比重达到 2/3。2010 年《深圳蓝皮书》指出每年都有 4 万多名牌大学毕业的学士、硕士和博士进入深圳；有 1.2 万名归国留学生在深圳创业；有 3 万多名外籍人士在深圳创业；有 6.2 万名香港人在深圳居住、工作。人口文化的多元、混杂、兼容、开放性，给深圳市人口治理带来了巨大的压力。深圳市流动人口的管理体制早在 20 世纪 90 年代初期就基本成型，户籍制度的改革，将涉及如公安、计划管理、劳动、计划生育、民政、镇政府、街道、居委会等多个管理部门，传统管理模式改变也将带来重新适应的问题，改革涉及的面广、难度较大。

（七）既得利益群体对改革的阻力

因为深圳市外来非户籍人口占总人口数超过了 80%，对外来人口公共福利投入的增长，将导致户籍人口的公共福利投入的增长缓慢、停滞或降低，而深圳市政府、人大代表以及人口治理部门，基本上都是由户籍人口组成，在外来人口的管理上，必须存在既得利益问题。虽然改革户籍制度大多并不会降低户籍人口的福利，但是，由于拉小了与非户籍人口的福利差距，户籍人口的社会心理优势降低，将会使他们有意或无意地阻止户籍改革的顺利推进。除此之外，户籍改革还可能使一些部门失去利益，这些既得利益部门也有可能会阻止户籍改革的推行。除了既得利益之外，户籍制度改革也意味着管理模式的改变，而这对一些管理部门来说，自身的改革可能会给自己带来不便，这将削弱他们推动改革政策落实的积极性。

（八）本地居民的压力

本地居民在户籍改革中主要会面临以下四种压力：①既得利益受损的心理压力。户籍改革的权益均等与福利均等化，虽然大多不会降低户籍人口的福利与权益，但也必然使本地居民面临担忧既得利益增长减速或降低、丧失社会心理优势的压力。②社会融入的压力。外来人口会无限膨胀，带来了社会环境、生活秩序等多方面的改变，基于对人类面对改变的惰性与思维的惯性，陌生环境同样给本地户籍人口带来了不适应。③人身安全的生理压力。外来人口的增多，社会治安局面的复杂化，基于对陌生人的生理排斥与恐惧，也给本地居民带来了巨大的压力。④就业的心理压力。外来人口的涌入，抢走了大量原属于本地居民的就业机会，提升了就业门槛，也给本地居民就业带来了基于生存与发展的心理压力。本地人面临的以上四个压力，特别是对本地人就业冲击的压力，使很多深圳户籍居民强烈反对迅速推进户籍改革。

（九）"改革先锋"的示范压力

在20世纪90年代，户籍改革浪潮从小城镇向中大型城市蔓延，受到冲击的各地纷纷出台了程度不同的户籍改革制度。深圳作为我国的经济发展特区，拥有独立的立法权，在经济政策与政治体制改革方面，拥有"先行先试"的天然优势。深圳在改革开放的40年里一直充当着中国改革开放的试验场和前沿阵地，深圳的成功也成为邓小平改革开放理论正确的最有力证明，在改革方面深圳已然成为改革开放的图腾，一度有"全国改革看深圳"的美誉。自改革开放起，截至2018年6月，全国已设立承担国家重大发展和改革开放战略任务的国家级新区 19 个，深圳在近年来的很多改革中已渐显乏力，之前作为改革先锋所独有的"先行先试"优势作用已不明显，甚至不及其他新区的先锋作用。虽然深圳市在暂住人口的管理、蓝印户口等方面进行了探索与尝试，但受制于其庞大的非户籍人口，改革的复杂程度与难度远大于其他地区，其户籍制度改革的成效并不显著。近年来，随着全国改革进入"深水区"，头顶着"改革先锋"的头衔，在吸引着更多的媒体关注的同时，也势必承受着更多的舆论压力，深圳一度面临"为改革而改革""丧失改革动力，甚至不敢改革"的压力中。

二 深圳户籍制度改革的动力分析

深圳，已经将高新技术产业与新兴产业作为支柱产业，高新技术产业创新已经形成了机制与体制。深圳，要引领高新技术创新的制高点，必然要制定出引领高新技术产业发展的产业政策与人口配套政策。虽然面临着巨大的改革压力，但自身也存在包括户籍制度在内的强烈的改革驱动力。

（一）动力之一，户籍人口与非户籍人口倒挂压力驱动

2017 年年底，深圳市累计登记流动人口 818 万人，现有户籍人口 435 万，深圳目前总人数近 1300 万。户籍与非户籍人口比例超过 1∶2。深圳市在 2004 年的统计数据显示，15—59 岁的劳动适龄人口占 82.9%，基于深圳市强拆违法建筑，或基于自身寻求好的居住环境、子女上学、寻求交通便利、二次置业或调换工作等原因的需要，居住在出租房的人口月流动率为 26%。流动人口对深圳市的归属感低，流动性大，影响了深圳市的产业持续稳定发展，也影响了深圳市与人口服务资源配套的公共基础设施投入决策，还影响社会治安与人口管理，进而影响到深圳市长期、持续、稳定发展。这种现象将促进深圳市推动现有的户籍管理制度改革。

（二）动力之二，促进深圳市社会公平治理的需要

截至 2017 年年末，在深圳市的常住非户籍人口有近 820 万，他们长期在深圳市生活、工作，实际上已经成为"准深圳人"。由于受到户口和身份的限制，这些为深圳市发展做出巨大贡献的打工者，仍然面临

着就业、教育、医疗、失业等公共福利上差异。这种差异成为一种"看得见"的巨大不公平,使深圳市户籍市民在市场竞争中处于优势地位,竞争机制的缺乏,就长期而言,将影响到其竞争能力的成长,妨碍了劳动力资源的优化配置,也将影响深圳市和谐社会的构建。2010年4月,深圳市房地产研究中心副主任王锋在《推进住房制度创新、完善住房发展政策——关于深圳市未来住房政策的思考与建议》报告中指出,目前占深圳常住人口26%的户籍人口住房条件很好,拥有深圳户口的"老深圳"人均住宅建筑面积达到388平方米、住房自有率高达99%;但占全市常住人口74%的非户籍常住人口及未纳入统计的近400万非户籍流动人口居住水平极差,人均住房建筑面积仅为10平方米和6平方米,居住质量较差的社会群体,占深圳实际总人口的82%,深圳市户籍居民与流动人口的差距在过去一段时间有逐渐扩大的趋势。建立在户口基础上的福利分享机制日益阻碍深圳市的人口迁入和人才及劳动力的流动。户口差异,使深圳市户籍居民与非户籍人口在计生、妇幼保健、教育、就业、社保、医疗、失业、意外伤害等多方面的待遇处于严重失衡状态。

(三)动力之三,经济发展与产业结构调整的需要

根据深圳市统计局发布的《深圳市2017年国民经济与社会发展统计公报》中的数据显示,2017年深圳生产总值22438.39亿元,增长率为8.8%,连续十一年稳居全国大中城市第四位。其中,第一产业增加值18.54亿元,增长52.8%;第二产业增加值9266.83亿元,增长8.8%;第三产业增加值13153.02亿元,增长8.8%。第一产业增加值占全市生产总值的比重为0.1%,第二产业增加值比重为41.3%,第三产业增加比重为58.6%。在现代产业中,现代服务业增加值9306.54亿元,增长9.0%;先进制造业增加值5743.87亿元,增长13.1%;高技术制造业增加值5302.47亿元,增长12.7%。人均生产总值183127元,增长4.0%,按2017年平均汇率折算为27123美元。从以上数据可以看出,深圳市第三产业的增幅远低于第一产业,深圳在发展的过程中,劳动力数量的扩张曾经起到重要的作用,直到今天劳动密集型经济仍然对深圳的经济起着举足轻重的作用。深圳市经济结构调整的压力还很大,其将直接影响到相关的人口管理体制。

除此之外，作为一个出口、居民收入等多项经济指标居全国首位、经济实力名列全国第四名的城市，没有一所在国内有较高学术地位的大学，深圳市文化底蕴不足，是不争的现实。为了主动适应和引领经济发展新常态，抢占新一轮科技革命和产业变革制高点，着力培育新经济新动能，加快建设现代化国际化创新型城市和国际科技产业创新中心，深圳市将新一代信息技术、高端装备制造、绿色低碳、生物医药、数字经济、新材料、海洋经济等战略性新兴产业作为"十三五"时期重点发展目标，显然不仅仅是实现一个经济增长极，深圳还需要借此吸引大量的高端专业人才。

（四）动力之四，流动人口城市融入的需要

深圳市的农村城市化过程表明，户籍的统一并不能消除城乡差别，在户籍统一后很长时期内还会存在与户籍统一前一样的问题，文明不对称可能会影响两代人。在期望入户深圳的农民工中，从进学校开始，接受的都是城市文明教育，但由于他们从小生活在农村，书本知识与现实生活的不对称，让他们对城市文明感到陌生。城市生活的丰富与多样化，让他们感觉到城市的生活方式优于农村，并心生向往。在农民群体中，有一部分在中学毕业后通过高考的途径进入了城市，他们的梦想得以实现。没有经历高等教育的部分人群，由于接受的教育与现实生活不对称，同时受城乡收入的巨大差距的冲击，促进他们强烈期望自己融入城市文明，这部分人成为农村城市化进程的主要推动力。

笔者认为，以农民工群体为主体的流动人口在融入城市群体的过程中主要存在四种需求和期待，即经济期待、法律期待、行政期待和政治期待。

经济期待是为了满足基本生理需求的期待，是马斯洛需求层次中最低层次。2009年广州大学人权研究中心副主任谢建社通过对广东省三大监狱的调查显示，农民工犯罪以侵犯财产为目的的犯罪占农民工犯罪比例的81%，他们对物质财富充满了渴望。中国改革开放经历了40年的发展而积累了大量的社会财富，广大农民工做出巨大贡献却没有充分分享中国经济社会发展成果，他们对政府部门提高薪资收入水平、帮助其脱贫致富充满了期待。

法律期待也是处于相对较低层次的社会需求，但是，法律是保障安全需求的基本手段。社会心理学认为社会责任规范、相互性规范和社会公平规范三类规范对社会成员的亲社会行为的生产非常重要。进城农民工期待劳动报酬、社会保障等基本法律权益不受漠视与侵蚀，期待国家能够健全并落实基本的社会保障法规，期待着社会责任规范与社会公平法律规范的完善。

行政期待是农民工期待着在社会行政服务中享受与城市户籍居民同等权益，让他们获得基本归属感，这是基于城市融入、情感归属与社会交往的基本期待。行政期待的实现有赖于政府完善公共服务实现所有居民的基本权益平等，同时还需要政府充分体现"执政为民、服务为民"的行政理念，积极引导与创造良好社会接纳氛围，为农民工融入城市创造良好的发展环境。

政治期待是基本权益获得社会承认与尊重、其意志能够得以顺畅表达的较高层次社会需求。农民工群体在利益分配建议权与表决权的缺失使他们在城市社会再分配中处于劣势；进城农民工在政治上的困境使他们对构建正式的意愿与诉求表达渠道，与城市居民平等行使选举权和被选举权，参与立法与议政，参与社区居民的民主选举、民主决策、民主管理与民主监督等方面权利充满了期待，而政治期待的满足需要政府通过"顶层设计"来实现。正是由于这类需求和期待作为动力，中国社科院的学者党国英认为，深圳完全可能基于自身的特点，在户籍制度改革的某些方面继续走在全国的前列。

第二节 深圳市户口迁移政策演变的五个阶段

深圳市对外来人口户籍管理，按时间顺序大致可以分为：人口流动创造条件的户籍制度松绑阶段（1979—1985年），外来人口规范化管理与户籍人口均衡控制阶段（1985—1995年），户籍改革尝试阶段（1995—2005年），常住人口福利与服务均等化改革阶段（2005—2010年），优化户籍政策、吸引保留常住人口、提升户籍人口比重、调整人口结构的深化改革阶段（2010年至今），共计五个阶段。

一 流动人口创造流动条件的户籍制度松绑阶段（1979—1985 年）

1980 年，深圳首先在中外合资、合作企业和外商独资企业中进行劳动合同制度改革试点，深圳的劳动用工由政府行为转变为企业行为，劳动关系也由政府与工人确立转变为企业与工人确立，企业员工双向选择，在全国率先打破了固定用工的传统体制。

1982 年，深圳在全国率先进行物价体制改革试验。1984 年，深圳对粮食、猪肉、棉布、食油等商品敞开供应，价格放开。到 1987 年年底，深圳放开价格的商品比重达 91.5%，成功闯过了价格改革关。取消一切票证深圳比全国的时间提前了 10 年。价格改革标志着深圳坚定地选择了市场经济的方向，并成为全国打破僵化的计划价格管理体制的示范。同年，为解决外资企业工资分配与传统工资制度相冲突问题，深圳首先选择两家中外合资企业——竹园宾馆和友谊餐厅进行改革试点，实行以职务工资为主要内容的结构工资制，力图合理拉开劳动者之间的工资差距，克服平均主义弊端。深圳的改革将市场机制引入了工资分配领域，落实了企业工资分配自主权，极大地调动了员工的生产积极性，提高了企业的生产效率。

1983 年，深圳在中国内地率先探索合同制职工社会劳动保险制度改革。《深圳市实行劳动合同制暂行办法》出台，深圳成为中国内地第一个实行劳动用工合同制的城市。1980 年 10 月，深圳开始在外商投资企业竹园宾馆、友谊餐厅试行劳动合同制。1983 年 8 月，深圳市政府发布《深圳市实行劳动合同制暂行办法》，确定了劳动合同制是特区的用工方向。深圳从试点开始转为全面实施劳动合同制，率先突破固定用工的传统体制，实行企业与员工的双向选择。同年，《深圳市实行社会劳动保险暂行规定》出台，深圳在新招职工中，全面实行劳动合同制。为解决外商投资企业合同制员工养老问题，出台了《深圳市实行社会劳动保险暂行规定》，深圳首先对合同制工人的退休费用实行社会统筹，规定在外商投资企业工作的职工，由企业每月按劳务费的 25%，向社会劳动保险公司投保。随后，养老保险制度逐步推广到临时工等各类劳动者，一个市场化、社会化程度较高的新型养老保险制度基本形成。今天，深圳养老保险参保人数已突破 660 万人。

1985年，旨在推进外来人口有序化管理的《深圳经济特区暂住人员户口管理暂行规定》出台，在中国内地率先实行暂住证制度。

在此阶段，户籍的迁入基本上没有太多的限制，1984年国家计委、劳动人事部下发了《经济特区劳动工资计划和劳动力管理试行办法》，深圳开始编制《职工人数计划》，但是计划并没有产生实质的约束性。在此阶段的外来人口政策措施法规见表4-2。

表4-2　　1980—1985年深圳市外来人口政策、法规概览

年份	政策、法规	内容说明与意义分析
1980	合同工制度	首先在外资企业实行劳动合同制度，规定劳资双方需要签订劳动合同，明确双方权利与义务，首开了劳动合同管理的先河
1981	《广东省经济特区企业劳动工资管理暂行规定》	要求特区内企业均按暂行规定使用合同制工人，以保障劳资双方的权益
1982	企业工资改革试点	主要内容为工资与企业效益挂钩、有计划地增长员工工资、严格执行工资改革方案审批手续、实行工资调节税
1982	职工劳动保险	对客商独资和中外合资、合作企业的职工实施社会劳动保险试点，后扩大到全市所有企业与国家机关及事业单位，为职工（不包括临时工）提供工伤与养老退休保险
1982	物价体制改革	该年度，深圳市发布了《关于加强粮油管理的规定》（深府〔1982〕3号）、《关于调整饮食业价格的通知》（深府〔1982〕62号）两份法规，从而在全国率先进行物价体制改革试验，1984年，深圳对粮食、猪肉、棉布、食油等商品敞开供应，价格放开。到1987年年底，深圳放开价格的商品比重达91.5%，成功闯过了价格改革关。取消一切票证深圳比全国的时间提前了10年。更重要的意义在于，为到深圳打拼的农民工生活资料的市场化供应撕开一个缺口，从而解决了外来人口生活资料的供应问题
1982	《深圳市人民政府关于加强对深圳经济特区范围内户口管理的暂行规定》	1982年2月，深圳市政府对于流入深圳市的外来人口的户籍问题进行规范，区分暂住人员与户籍人口，明确户口迁移的条件，是深圳市最早出台的户籍政策性文件

续表

年份	政策与措施	内容说明与意义分析
1983	《深圳市实行劳动合同制暂行办法》	把劳动合同的实施范围扩大到全市国营企事业单位和国家机关团体及县、区以上的集体所有制单位，规定新招工人一律实行劳动合同制
1983	《深圳市实行社会劳动保险暂行规定》	规定要求对所有合同制工人实行社会保险，可采取以支定筹的办法，按投保年限和金额计算支付退休费和享受社会保险待遇

二 外来人口规范化管理与户籍人口均衡控制阶段（1985—1995年）

1985年，有香港媒体用大量数据佐证"深圳的发展速度是靠大量的基建投资产生的"和"深圳的经济结构是以贸易为主，并且是以面向国内的转口贸易为主"两个事实，就在当年，中央对走私打出了铁拳，加强对深圳进出口商品的控制。一夜间，深圳几千家公司关门倒闭，深圳经济遭遇了第一次严峻的考验。在这种状况下，深圳开始了大力"引进技术、引进资金、发展工业"的第一次转型，转型的结果是大量"三来一补"企业如雨后春笋般成长，构筑成了深圳外向型的工业结构的基础。到1994年的时候，深圳的工业产值则已经跃升到全国前列，GDP也上升到第6位。

在这十年期间，深圳市意识到外来流动人口素质不高，结构复杂，流入渠道缺少组织性、计划性和稳定性，迁移量大等一系列问题，不仅给深圳特区带来了住房、就学、医疗、卫生、交通、环保、计划生育、社会治安等一系列问题，对深圳的长期健康、稳定发展产生很大的负面影响，因此提出严控人口的目标。然而，控制人口增长的最有效的方法是调整产业结构，加快产业升级，给高素质人才增加就业机会，降低对低素质劳动力的岗位需求，以减少对人口的压力；此外，意识到如果不对人口增长进行宏观调控，不将无组织、无计划的人口自由流入式纳入就业渠道，就不能确保企业用工与劳动力输入、退返形成良性循环，并且可能使深圳特区成为迁移流动人口的沉淀地。

同时，根据对当时进入特区的人口分析发现，总体高层次人才偏少、人口整体素质低下、纯粹的来料加工型的经济增长方式难以为继，开始大力扶持交通、能源及高新技术等产业的发展，同时推进产业结构调整并构建人口置换战略，相继出台了《暂住人员户口管理暂行规定》《深圳经济特区与内地之间的人员往来管理规定》《临时工劳动手册制度》《关于加强招调和聘雇外地人员管理的决定》（深府〔1990〕308号）、《深圳经济特区房屋租赁条例》及《关于调整城市基础设施增容费收费标准和收取范围的通知》（深府〔1995〕74号）等对外来人口进行管控文件，开始对外来人口进入特区、户籍迁入、暂住、就业、租用住房等行为进行全方位限制，对外来人口的疏、堵、截以及遣返等行政措施开始显现，外来人口的管理进入立体管理时代。

此外，从户籍制度、工资制度上制定有利于稳定高素质人才队伍的政策法规，在高工资、高物价的政策下，使低经济效益的企业和低素质劳动力人口不易谋生；在人口增长管控的具体措施方面，加强了人口计划的宏观决策，拟订了人口发展宏观计划，修订了人口发展的中长期计划，加强了对人口发展规模、速度与结构管理，通过体制和管理措施的建立健全及检查监督，为人口发展年度计划制订提供了依据。具体措施如下：

（一）对人口规模的宏观调控

为了控制人口膨胀，市政府计划办提出了各种人口发展都要纳入计划，并归口管理措施，要求不管常住、暂住人口，不管任何用工，都要纳入年度人口计划指标之内，并且这一指标直接与迁户或暂住证指标衔接，并根据不同的构成，分别由计划办、人事局、劳动局和公安局提出计划，市计划局综合平衡，市政府批准后由以上部门执行，市计划局和公安局等共同监督。

（二）对"三无"人员的管理

市政府计划、劳动、人事、公安等业务部门加强对人口计划和执行情况的检查、监督，对"三无"（无有效合法证件、无合法正当职业、无合法住所）人员进行检查与清理，并及时遣送。

（三）对临时用工的管理

推行临时工劳动手册的目的是实行指令性和指导性相结合的管理办

法，旨在改善企业劳动组织，提高劳动力素质，建立起良好的用工秩序，是核定临时工在特区临时从业资格、申报暂住户口的凭据，也是考察临时工素质，择优弃劣的依据。

（四）利用经济手段管理

1990年，深圳市把全部的人口迁移增长（政府部门称为机械增长）列入计划管理，同年，除博士等高层次人才外，开始对所有新落户的人口征收城市基础设施增容费。

（五）加强外来人口权益保护

在外来人口的权益保护方面。受益于深圳市经济的高速发展，外来人口有序地进入深圳市，每年外来人口以相对平稳的速度递增，对于在深圳市进行务工的外来人员的权益保护立法工作也取得了显著成效。在此期间，陆续出台了《广东省经济特区劳动条例》《深圳经济特区住房制度改革方案》《深圳市工伤保险暂行规定》《深圳市社会保险暂行规定》《深圳经济特区劳务工条例》《深圳经济特区劳动合同条例》等相应的法律法规，并于1992年明确了深圳市雇用员工的最低工资标准，推出了临时社会劳动保险制度和全民所有制单位职工退休基金统筹，建立健全了外来人员的住房保障、劳动环境保护、劳动权益保护法规；在促进人才流动方面，通过法律赋予了企业择人权、干部任免权、人事调配权、聘用干部权、干部奖惩权等自主经营权，还召开了多届劳务工等人才交流大会、推进大中专毕业生分配改革，促进人才流动的双向选择，特区劳务市场逐步放开，为稳定特区内的外来人口作出了很大的贡献，该阶段出台的政策法规见表4-3。

表4-3　　　　1985—1995年深圳市外来人口政策法规概览

年份	政策法规	内容说明与意义分析
1985	《深圳经济特区暂住人员户口管理暂行规定》	该规定的出台，要求暂住人员应当在特区居留满七日以前申办暂住证。在中国内地率先实行暂住证制度，首开外来人口规范管理的先河。从此，配合收容遣送制度，暂住证成为深圳警方社会治安管理的有力抓手。2003年，广州孙志刚事件发生后，收容遣送制度废止，暂住证才退出历史舞台

续表

年份	政策法措	内容说明与意义分析
1986	《深圳经济特区与内地之间的人员往来管理规定》	正式划定界限，设立关内与关外，关外人员进入关内需要通行证及有效证件；深圳市开始对外来人员进行大力限制
1988	《广东省经济特区劳动条例》	对劳动合同、招用、调动、辞职或辞退、工作时间、休假与休息时间、劳动报酬、技术培训、劳动纪律、劳动保险和劳动安全以及劳动争议处理等进行规范，中国《劳动法》的雏形。特区开放劳务市场，用人单位与劳动者相互选择。同时还规定在特区内招收的职工不能满足需要时，可以在劳动管理部门同意下到其他地区招收职工。对户籍人口就业保护进一步加强
1988	《深圳经济特区住房制度改革方案》并提高住房租金	当年6月，市政府公布了"补贴提租、现金实转、鼓励买房、双轨供求"的住房改革方案，该方案基本目标是"实现住房商品化"，并明确提出"房屋是商品"的观念，解除了安居房的产权约束，使业主拥有了真正意义上的房屋产权；该方案的意义还在于在住房计划供应体制下，为在深圳的外来打工人员建立了住房保障体系，促进了商品房的销售
1988	实行《临时工劳动手册制度》，并换发《暂住证》，同时对"三无"人员进行清理、遣送	为了控制人口膨胀，市政府计划办提出了各种人口发展都要纳入计划，并归口管理措施，要求不管常住、暂住人口，不管任何用工，都要纳入年度人口计划指标之内，并且这一指标直接与迁户或暂住证指标衔接，实行《临时工劳动手册制度》，并换发《暂住证》，同时对"三无"（无有效合法证件、无合法正当职业、无合法住所）人员进行清理、遣送
1989	《深圳市关于鼓励出国留学生来深圳工作暂行规定及实施细则》	对留学生来深圳工作的手续、开办企业、外汇使用与住房问题给予优惠政策，如本人愿意落户深圳，对其配偶和子女进行优先办理落户
1989	《深圳市工伤保险暂行规定》	规定所有企事业单位需要为职工购买工伤保险，加强员工在工作过程中的安全保护，实现工伤基金共济

续表

年份	政策与措施	内容说明与意义分析
1990	《关于加强招调和聘雇外地人员管理的决定》（深府〔1990〕308号）	决定严格实行指令性计划，控制人口机械增长，对迁入特区的常住户口和办理暂住户口的分别收取城市人口增容费1万元。对暂住人口每年收300元，对半年及3个月以内的暂住人口分别收取150元和75元，但对拥有大中专以上学历及市交通、能源与高新技术产业人员户口调入免征。户籍制的产业调整与人口控制导向性显现
1992	《深圳市社会保险暂行规定》	为在中国内地率先探索"社会共济与自我保障有机结合"的新型社会保障制度，1989年1月，国家体改委确定深圳为全国社会保险制度综合改革试点地区，深圳借鉴新加坡的成功经验出台了《深圳市社会保险暂行规定》，在全国首创了养老保险个人账户，并建立了个人账户与统筹账户相结合的新模式
1992	制定出台最低工资标准	为规范企业的工资分配行为，捍卫劳动的尊严，保障劳动者的基本劳动权益，深圳出台了最低工资标准，在中国内地率先探索最低工资制度
1993	《深圳经济特区房屋租赁条例》（深常发〔1993〕5号）	外来人口租赁房屋必须持《深圳经济特区暂住证》，该规定是对外来人口的立体管控的表现
1993	《深圳经济特区劳务工条例》	规范了劳动用工中企业与用人双方的权利与义务以及违规责任，是劳动合同法的前身
1994	《深圳经济特区劳动合同条例》	确定了劳动合同的签订、保持、中止、终止、解除、续签相关约定，是对劳动用工合同的规范性法规，为中国劳动合同法的出台进行了很好的试验
1995	《关于调整城市基础设施增容费收费标准和收取范围的通知》（深府〔1995〕74号）	对控制人员过快增长，增容费收费标准由原来的每人1万元人民币调整为每人2万元人民币，并对经劳动部门招工接收的应届大中专（含中技）毕业生则收取城市基础设施增容费。对外来人口的落户条件进一步严格

三 户籍改革松动与尝试阶段（1995—2005年）

20世纪90年代中期，著名学者胡鞍钢提出了"特区不特"的命题，引发了一场全国性大讨论。深圳市从这次讨论与反思中，提出"第二次创业"，变被迫转型为主动选择，选择高新技术产业作为发展方向，截至2005年，深圳的高新技术产业产值已经超过工业总产值的50%，成为深圳市第一大支柱产业。但是，这次转型亦有"阵痛"，不少"三来一补"企业外溢到周边城市，深圳遭受了一段时期的转型"阵痛期"，但很快就开始享受转型后的成果，在1999年，深圳举办了多年的以招商引资为主的"荔枝节"替换为"高交会"，在全国高扬起高新技术的旗帜，支撑高新技术企业快速发展的高素质人口缺口，成为户籍制度改革的"风向标"。

虽然国务院在1993年就出台了《国务院关于户籍制度改革的决定（征求意见稿）》，指出现有户籍制度的弊端，提出户籍制度改革的必要性、指导思想、目标和具体步骤等方面的内容；在随后十多年里，全国很多地方开始了户籍制度的改革与尝试，但是该户籍制度改革的思想理念并没有得到有效落实。深圳因为其户籍人口与流动人口倒挂，户籍改革，主要以促进深圳经济结构调整的人口置换战略为中心，以完善外来人口的社会保障、常住人口的福利均等化以及外来人口的关爱等方面进行改革尝试的，主要的改革方式与内容如下：

（一）放宽企业人事立户条件

2001年，深圳市调整了招调工立户政策，取消招调工立户对企业注册资金等方面的限制。原来申请招调工计划立户的单位必须是具有独立法人资格的企业，成立两年以上，注册资金100万元以上，且年纳税额20万元以上。现在对注册资金在300万元以上的大型企业，只要当年正常营业即可获得该项资格。而注册资金低于300万元的企业，年度纳税额达到10万元即可。另外，还对高新技术企业进行政策性扶持，只要有独立法人资格，工商、劳动年检、年审合格，就可以申请招调工立户。

（二）逐步放宽招调入户条件

在这个阶段的招调工政策，主要的改革表现在以下方面：①简化招调工审批流程，招调工指标由审批制改为核准制下达；②取消拟招工人员必须未婚的限制；③取消了招调人员的地区限制：以往要求招调人员须来自大中城市、对县以下的地区的人员入户有特别限制的相关规定也在这一阶段取消；④取消了先男后女的限制；⑤扩大对技能人才、特殊人才及其配偶核准招调工的范围；⑥对招调人员的学历要求做了调整；⑦取消了招调人员必须持有与工种、专业相对应的职业资格证书的要求。

（三）拓宽了入户途径

在入户途径的改革中，蓝印户口是非常有代表性的措施。在1995年实行购房入户政策中，首次引入蓝印户口概念。后又在1996年1月开始实施的《深圳市户籍制度改革暂行规定》全面完善了蓝印户口制度，该制度规定，外来就业者在满足一定的学历、年龄、居住年限等条件的情况下，可申请蓝印户口，或是投资、纳税达到一定数额者可获得蓝印户口指标奖励。在实施蓝印户口政策的过程中，2004年，招调工政策首次打破城乡限制，规定对拥有高级工以上职业资格的农民工，可同时办理农转非和随迁手续，农民工可以直接入户深圳。

（四）逐步放宽外来人口流入限制

在这一阶段，对外来人口的管制方面有所放宽，1996年出台了《深圳经济特区暂住人员户口管理条例》，暂住证的管理规定由"暂行规定"变成了正式条例，将强制申办暂住证时限由7天转为3个月，并简化暂住证分类。此外，以前对外来劳务工收取每人每年300元的城市基础设施增容费，改由用人单位负担，减轻了外来人口的经济负担；2002年，深圳市停止收取城市基础设施增容费，并对2001年11月1日后收取的城市增容费给予清退。

（五）逐步加强对外来人口的服务、拓展外来人口权益

深圳市为了顺应国家层面对户籍制度改革的呼声，外来人口服务意识开始建立，外来人口的权益保障逐步加强。

1. 开创流动人口的就业服务

1997年，深圳建立人才大市场，将之前一年一度的人才交流服务，转变为日常人才交流服务，开创了劳动力商品化的先河。

2. 建立欠薪保障机制

针对部分企业拖欠员工薪资、损害外来人口利益情况，1996年，深圳市政府出台了《深圳经济特区企业欠薪保障条例》，该条例规定建立欠薪保障基金，对欠薪保障实行企业缴费与共济、垫付与追偿机制，

规定出现拖欠薪资行为，由劳动部门先行垫付，再由劳动部门进行追讨。

3. 立法保户暂住人口权益

2003年，深圳市政府修订了《深圳经济特区暂住人员户口管理条例》，规定暂住证享有子女就近接受九年义务教育、参加职称或职业资格考评、免费享受计划生育服务和卫生防疫服务、申领机动车驾驶证和办理机动车入户手续等权益，外来人口的权益得到最大限度的提升。

4. 规范用工管理

2004年制定《深圳市工资支付条例》，该法规定了工资的构成、支付方式与义务等，是劳务用工的规范化管理与劳动权益合法保护性法规。

5. 加强农民工关爱

"深圳关爱行动"：2003年，首届"深圳关爱行动"举办，深圳致力打造爱心之城、和谐家园。2003年8月，市委宣传部和深圳报业集团提出开展"深圳关爱行动"的设想，决定创办一个大型的慈善活动品牌，彰显中国共产党"立党为公，执政为民"的理念。2003年12月18日，首届"深圳关爱行动"拉开序幕。"用爱拥抱每一天，用心感动每个人"，已开展6年的关爱行动共举办1万多项爱心活动，吸引了上千万人次参与，发现和宣传了丛飞、李传梅、郭春园等一大批爱心人物，并逐渐探索建立了长效工作机制。

6. 开展劳务工合作医疗改革试点

2005年2月，深圳市出台了《深圳市劳务工合作医疗试点办法》，改变了过去非深圳户籍劳务工只能参加住院医疗保险，只保大病、不保门诊的状况。该办法规定企业和员工每月共筹交12元，企业交8元，个人交4元，员工在看门诊时，甲乙类药物分别报销80%和60%，门诊血透报销30%，住院"起付线"视医院不同为300—600元，在此基础上，规定在市内一级、二级、三级及市外三级医院报销比例分别为90%、80%、70%、60%。

7. 推进养老保险改革

1998年的《深圳经济特区企业员工社会养老保险条例》规定，非本市户籍员工实际缴费年限累计满15年如选择在深圳退休可享受基本养老金的资格。如果离开深圳特区，其缴纳的养老保险中个人账户中的金额可以转入所去地区社会保险机构或退还本人。这一规定比过去有很大的突破，使外来人口更安心于在深圳工作与生活。

（六）加大人口置换力度

1999年，深圳市修订了《关于进一步扶持高新技术产业发展的若干规定》，为促进产业结构调整，进一步促进高新技术企业发展，实现"和谐深圳，效益深圳"的战略目标，将促使就业于劳动密集型的低端企业的人口进一步导出深圳，同时，内地经济的进一步发展将促进劳动力进一步回流内地，加快了深圳市人口置换的步伐。1995年，深圳每10万人中接受大专以上教育的人口为7046人，而到了2005年，达到12696人；截至2005年，深圳市具有大学以上文化程度的人员达到105.02万人，高素质人口比例增幅超过70%，以产业结构调整的人才置换战略成效明显。以下是这一阶段的户籍政策与措施（见表4-4）。

表4-4　　1995—2005年深圳市户籍与人口改革政策与措施概览

年份	政策与措施	内容说明与意义分析
1995	《深圳市户籍制度改革暂行规定》	该规定形成了暂住户口、蓝印户口与常住户口三级户口体系，并对获取蓝印户口门槛进行了限定，明确持蓝印户口3年以上可以转为常住户口，同时还规定对转入或迁入户口时征收入户城市增容费
1995	《关于促进我市房地产市场发展的若干规定》	该规定决定在宝安、龙岗两区实行购房入户政策，旨在促进积压商品房的销售（该政策在2003年终止）
1996	《深圳经济特区企业欠薪保障条例》	该条例于1996年10月人大常委会通过，明确建立欠薪保障基金，对欠薪保障实行缴费与共济、垫付与追偿机制，规定出现拖欠薪资行为，由劳动部门先行垫付，再行追讨
1996	《深圳经济特区暂住人员户口管理条例》	暂住证的管理规定由暂行规定变成了正式条例，将强制申办暂住证时限由7天转为3个月，并简化暂住证分类。从事劳务的暂住人员申办劳务暂住证，有效期最长为一年；非从事劳务的暂住人员申办非劳务暂住证，有效期最长为二年，持非劳务的暂住证不得务工

续表

年份	政策与措施	内容说明与意义分析
1996	《深圳市基本养老保险暂行规定》	规定了深圳市户籍人口的养老保险交纳及退养规定，同时规定对持有暂住户口的职工暂不列入基本养老保险范围
1997	《关于进一步加强流动人口管理的意见》	组建市流动人口管理办公室，对外来劳务工收取每人每年300元的城市基础设施增容费改由用人单位负担。通过特区检查站、边防分局、武警支队深圳铁路公安处、边防分局要积极负起堵的任务，拦截来自铁路、海上、陆地的"三无"人员。通过对"三无"人员清理与遣送并把好进口关等措施，对"三无"人员管理工作日渐加强
1998	《深圳经济特区企业员工社会养老保险条例》	该条例规定，非本市户籍员工实际缴费年限累计满15年如选择在深圳退休可享受基本养老金的资格。如果离开深圳特区，其缴纳的养老保险个人账户中的金额可以转入所去地区社会保险机构或退还本人
1999	《关于进一步扶持高新技术产业发展的若干规定（修订）》（深府〔1999〕171号）	明确规定，继续对高新技术人才引进、户口迁入、税收、租房等方面，政策上予以倾斜与优惠
2000	免征或减征城市基础设施增容费	市政府再次大幅调整城市基础设施增容费的征收范围，对学士以上人员入户免征，并对其配偶与子女减半征收，其目的是进一步优化人口结构，提高人口素质，加大吸引人才的力度，加快高新技术企业高速发展与人口置换的步伐
2001	年度招调工手册新规定	取消招调工立户对企业注册资金等方面的限制，还对高新技术企业调工立户进行政策性扶持；规定取消了地区限制、取消了拟招工人员必须未婚的限制、取消了先男后女的限制，扩大对技能人才、特殊人才及其配偶核准招调工的范围
2003	《深圳经济特区暂住人员户口管理条例（修订)》	规定暂住证享有子女就近接受九年义务教育、参加职称或职业资格考评、免费享受计划生育服务和卫生防疫服务、申领机动车驾驶证和办理机动车入户手续等权益

续表

年份	政策与措施	内容说明与意义分析
2003	"深圳关爱行动"	为打造爱心之城、和谐家园,"用爱拥抱每一天,用心感动每个人"的关爱行动拉开序幕,至今历时7年时间,共举办1万多项爱心活动,吸引了上千万人次参与,为外来人口树立了一大批爱心人物的典型,并逐渐探索建立了外来人口关爱与服务的长效工作机制
2004	年度招调工政策	招调工政策首次打破城乡限制,对拥有高级工以上职业资格的农民工,可同时办理"农转非"和随迁手续,还允许持有"注册会计师""注册审计师""全国注册税务师"等16种执业资格证书的人员通过招调工入户深圳,增加深圳市急需的电力及能源方面的工种
2004	工资支付条例	该法规于2004年制定,并在2009年做了修订;法规规定了工资的构成、支付方式与义务等,是劳务用工的规范化管理与劳动权益合法保护性法规
2005	《深圳市劳务工合作医疗试点办法》	过去非深圳户籍劳务工只能参加住院医疗保险,只保大病,不保门诊。该办法规定农民工不仅保大病,还可享受门诊报销的待遇

四 淡化户籍、促进常住人口福利均等化改革阶段(2005—2010年)

2005年,深圳悄然开始了第三次产业转型,标志性事件是文化产业继高新技术产业、物流业、金融业之后上升为第四大支柱产业。2007年深圳"一号文件"聚焦高端服务业的发展,以及2008年年底国务院通过的《珠三角发展规划纲要》将"前海深港现代服务业示范区"上升为国家战略。2008年,深圳的第三产业产值超过第二产业,比重首次超过50%。2009年,全球都在金融危机中挣扎,而深圳则在此时接连出台了互联网、新能源、生物三大新兴产业振兴规划,力争2015年实现6500亿元的产业规模。为此,深圳将投入总扶持资金高达105亿元。

在这一阶段,全国各地的经济均出现高速增长,长三角地区的经济开始与珠三角并驾齐驱，中国西部大开发第一个十年计划进入尾声，中国中部地区的都市圈战略初步形成，中国城镇化进程加速，分散了对中国流动人口的吸引力。深圳因其户籍与非户籍人口倒挂最严重，所以成为对流动人口的流动动向最为敏感的城市。在此期间，深圳市房价持续高涨、生活成本持续上升、产业结构持续调整对外来人口形成了推力，同时全国经济的高速发展也对外来人口产生了拉力，在内部推力与外部拉力作用下，深圳市的非户籍人口于2007年首现负增长，增长率为 -0.07%，而全市常住人口的增长率也进一步放缓，已经由2005年的3.3%下降到2007年的1.8%。

非户籍人口的高流动性、增长的无序性等特性威胁到深圳市经济与社会的长期稳定发展，2005年，深圳市出台了关于加强和完善人口管理工作的若干意见及五个配套文件的通知，从战略的高度系统规划外来人口的调控、管理与服务，明确了管理与服务并存的理念，同时明确了外来人口的相关权益，是深圳市户籍管理的一个里程碑事件。在《深圳市户籍迁入若干规定》中明确规定三类人可将户籍迁入深圳：技术技能型人才、投资纳税人、符合有关政策的人员可以自行申报入户，打破了以前只由单位进行申报的限制。

此外，为进一步拓宽入户途径，加大外来人口服务力度，推动公共福利均等化，还出台了很多改革措施。具体政策详见表4-5。

表4-5　2005—2010年深圳市户籍与人口改革政策与措施概览

年份	政策与措施	内容说明与意义分析
2005	《深圳市关于加强和完善人口管理工作的若干意见及五个配套文件的通知》	《中共深圳市委、深圳市人民政府关于加强和完善人口管理的若干意见》《深圳市户籍迁入若干规定》《深圳市暂住人口证件和居住管理办法》《深圳市暂住人口就业管理办法》《深圳市流动人口计划生育工作管理办法》《深圳市暂住人口子女接受义务教育管理办法》的一个通知与五个配套文件。其中在《深圳市户籍迁入若干规定》中明确规定三类人可将户籍迁入深圳：技术技能型人才、投资纳税人、符合有关政策的人员可以自行申报入户

续表

年份	政策与措施	内容说明与意义分析
2006	《深圳市企业招调员工实施办法》	明确纳税入户指标奖励,在扶持传统优势产业,高新技术产业,金融,物流、文化产业,并对服务年限较长的给予奖励
2006	《深圳经济特区企业员工社会养老保险条例》	规定了非深圳市户籍员工在深圳累计交缴养老保险满15年以上,可以选择在深圳退休并享受退休待遇
2006	《劳务工医疗保险办法》	在全国首次将所有流动人口全部纳入医疗保健体系
2007	《关于进一步加强农民工工作的意见》	以"进城务工,帮您解难"为主题,开展外来劳动者的就业服务工作的"春风行动",包括职业指导、职业介绍、政策咨询、就业信息服务,体现人口服务的理念
2007	修订《养老保险条例》	正式取消非深圳户籍员工"应在达到退休年龄前五年在深圳连续缴费"的歧视性条款
2007	《深圳市少年儿童住院及大病门诊医疗保险试行办法》	该办法覆盖了所有户籍与非户籍的儿童医保,不仅可以享受大病医保,还可以享受门诊待遇
2008	《深圳经济特区和谐劳动关系促进条例》	取代了《深圳经济特区劳务工条例》和《深圳经济特区劳动合同条例》,进一步加强外来人口的劳动立法保护措施
2008	《深圳经济特区欠薪保障条例》	规定企业需要先提交一部分欠薪保障金,以保障员工在欠薪时由政府代为发放,并规定了欠薪的法律后果,为外来人口的权益保障法规
2008	《深圳市居住证暂行办法》	以居住证替代暂住证,实现以房管人与以证管人相结合,持证者可以免费享受原暂住证的就业服务、培训、申评职称、子女享受计划基础疫苗免费接种、免费享受国家规定的计划生育服务、办理出入港澳通行证、申请办理车辆入户和机动车驾驶执照、户籍迁入优先、办理长期房屋租赁手续、有条件享受子女就学、公共租赁住房的有关权益、参与社区组织有关社会事务的管理、参加本市组织的有关劳动技能比赛和先进评比等福利

续表

年份	政策与措施	内容说明与意义分析
2010	《深圳市外来务工人员积分入户试行办法》	通过对来深工作时的实际年龄、在深圳缴纳社会养老保险年限、身体状况、居住证情况、文化程度、职业资格或专业技术职称，获奖情况、发明创造、居住情况、参保情况、献血、参加义工或青年志愿者服务、慈善捐赠核算分数，并对违反计划生育、违法犯罪、不良诚信记录等行为进行扣分，通过积分入户为农民工入户开辟了新途径
2010	《深圳市保障性住房条例》	对于各类专业人才和非深户常住人口，政府将采取提供公共租赁住房的方式提供住房保障
2010	《深圳市个人申报技术技能迁户实施办法》（深发改〔2010〕1172号）	规定非户籍人口可以个人申报技术技能入户，打破了以前只能以单位申报的规定

在外来人口福利均等化方面，深圳市的政策体现了"在有条件的情况下，将常住人口的福利向户籍人口靠拢"的特性。在此阶段，深圳市为非户籍常住人口的公共福利与权益建设方面做出了以下改革：

（一）建立非户籍人口退养机制

在2006年出台的《深圳经济特区企业员工社会养老保险条例》中规定，非深圳市户籍员工在深圳累计交缴养老保险满15年以上，可以选择在深圳退休并享受退休待遇；这为非户籍人口的深圳退休保障方面开了先河，解决了大量非户籍人口的后顾之忧，使非户籍人口降低了对户籍制度的关注，降低了非户籍人口将户籍转入的意愿，从而也降低了深圳户籍人口剧增的压力。

（二）完善常住非户籍人口的子女义务教育机制

在《深圳市暂住人口子女接受义务教育管理办法》中规定，凡满足"年满6—15周岁，有学习能力，且父、母在深连续居住1年以上""适龄儿童父母持有本市劳动保障部门出具的就业和社会保障证明，或者本市工商部门核发的营业执照副本等证明"、能提供计划生育证明及转学证明的暂住人口子女，可申请在深圳市接受义务教育。这一规定将原有外来子女的义务教育资源配置，转向有稳定就业的常住非户籍人口。

（三）完善外来人口的权益保障

在权益保障方面，除退休机制外，深圳医疗保障改革进程最为显著。深圳市还在 2007 年出台了《深圳市少年儿童住院及大病门诊医疗保险试行办法》，该办法覆盖了所有户籍与非户籍的儿童医保，有条件享受大病医保及门诊待遇。本办法自 2008 年 3 月，深圳市出台了《深圳社会医疗保险办法》，取代了《深圳市城镇职工社会医疗保险办法》《深圳市劳务工医疗保险暂行办法》，实现了非户籍就业人口与户籍人口在医疗保障权益上的平等。在 2009 年深圳市政府提出本年度十大民心实事，其中之一就是要实现本市常住人口医疗保险全覆盖，正在修改的《深圳市社会医疗保险办法》将扩大综合医疗保险个人账户的适用范围、建立总额控制的家庭成员共享机制，从而实现常住人口医疗保障均等全覆盖。

在劳动权益保护方面，2007 年，深圳市配合国家出台的劳动合同法，出台了《劳动合同法》实施细则，同时在 2008 年出台了《深圳经济特区欠薪保障条例》，进一步加强劳务工劳动权益保障，同年出台了《深圳经济特区和谐劳动关系促进条例》，取代了《深圳经济特区劳务工条例》和《深圳经济特区劳动合同条例》，进一步加强外来人口的劳动立法保护措施。

在非户籍人口的其他权益方面，深圳市 2008 年出台的《深圳市居住证暂行办法》规定，以居住证替代暂住证，实现以房管人与以证管人相结合，持证者可以免费享受原暂住证的就业服务、培训、申评职称、子女享受计划基础疫苗免费接种、免费享受国家规定的计划生育服务、办理出入港澳通行证、申请办理车辆入户和机动车驾驶执照、户籍迁入优先、办理长期房屋租赁手续、有条件享受子女就学、公共租赁住房的有关权益、参与社区组织有关社会事务的管理、参加本市组织的有关劳动技能比赛和先进评比等福利。在 2010 年出台的《深圳市保障性住房条例》中规定，对于各类专业人才和非深户常住人口，可以申请公共租赁住房。

这些改革进一步拉近了户籍人口与非户籍人口在享受公共福利方面的差距，进一步促进了常住人口福利均等化。

（四）进一步加强外来人口的服务与关爱

在 2003 年"深圳关爱行动"所形成的长效机制基础上，在 2007 年出台了《关于进一步加强农民工工作的意见》，以"进城务工，帮您解难"为主题，开展外来劳动者的就业服务工作的"春风行动"，包括职业指导、职业介绍、政策咨询、就业信息服务，体现人口服务的理念。

对外来人口入户的管控原则方面，以控制总量、优化结构、提高人口整体素质为总体战略目标，在入户途径方面拓宽了文体、美德等，继续鼓励投资纳税与技术技能入户，还专门针对农民工制定并实施了积分入户管理办法。此外，还严控主要包括夫妻分居、老人或未成年人随迁，以及退伍军人安置等政策性入户，稳步将常住人口中符合条件的人员转换为户籍人口，提高户籍人口比重。在 2010 年出台的《深圳市外来务工人员积分入户试行办法》中，规定按对来深工作时的实际年龄、身体状况、文化程度、参保年限、居住证情况、职业资格或专业技术职称、获奖情况、发明创造、居住情况、参保种类齐全程度、献血、参加义工或青年志愿者服务、慈善捐赠核算分数，并对违反计划生育、违法犯罪、不良诚信记录等行为进行扣分，从这些限制条件中，可以看出深圳市的户籍政策所涵盖的人口治理特点。

五 优化户籍政策、提升户籍人口比重、调整人口结构的深化改革阶段（2010 年至今）

"十二五"时期，面对世情国情的深刻变化，我国经济社会发展呈现出新的阶段性特征，我国发展处于重要的战略机遇期，既面临难得的机遇期，也面对诸多可以预见和难以预见的风险挑战。"十二五"时期是全面建设小康社会的关键时期，是深化改革开放、加快转变经济发展方式的攻坚时期。深圳市确定了加快实现由"深圳速度"向"深圳质量"跨越的战略目标和任务。"十二五"时期深圳经济社会发展的目标是："经济发展方式转变取得显著成效，形成具有国际水平的自主创新体系、具有国际竞争力的现代产业体系、更加完善的社会主义市场经济体制、特区一体化的城市发展格局和全体市民共建共享的和谐社会，率先建成国家创新型城市、民生幸福城市、国家低碳生态示范城市、中国特色社会主义示范城市和现代化国家化先进城市建设取得新进展。"这一发展目标决定了深圳市人口与人才发展目标：服务于创新、和谐、公平与民生。

深圳市实施的自主创新五大工程，强化人才、科研、产业、企业等创新载体建设，需要集聚优质创新资源，需要高素质创新人才队伍作为支撑；增强核心技术自主创新能力，率先建成国家创新型城市，需要完善自主创新政策体系和服务保障机制，需要促进人才安居乐业，因此需要健全人才服务体系，支撑高素质创新型人才队伍建设。

产业转型升级需要稳定现有高素质常住人口。构建消费、投资、出口协调拉动的经济增长格局，坚持高技术产业和现代服务业"双轮驱动"，建设战略性新兴产业基地，打造电子信息产业链，大力发展服务业等战略举措，都需要深圳市拥有高素质的常住人口作为支撑。此外，保持经济平稳较快发展，增强经济实力，提高经济增长质量和效益，优化经济结构，增强产业国际竞争力，提升第三产业增加值和战略性新兴产业增加值占 GDP 比重，均需要大批高素质常住人口支撑。

坚持民生优先。深圳市"十一五"期间的民生发展目标是"加快以改善民生为重点的社会建设，推进基本公共服务均等化，全面提升社保、教育、医疗等基本公共服务供给能力，社会服务体系更加健全，实现居民收入增长与经济发展基本同步、劳动报酬与劳动生产率提高基本同步，登记失业率控制在 3% 以下，提升民生幸福水平"，该目标为户籍制度改革与捆绑利益松绑提供了改革方向。"十二五"期间，深圳继续发扬了改革实验田的开拓精神，在继承中创新、发展中突破，率先走出一条质量引领、创新驱动的发展之路，为经济特区未来发展奠定了坚实的基础，同时也注入了活力与动力。"十三五"时期是我国全面建成小康社会、实现第一个一百年奋斗目标的决胜阶段。站在新的历史起点，深圳市确立了加快建成现代化国际化创新型城市的总目标，以创新驱动、质量引领、全面改革增强发展新动力，按照人人参与、人人尽力、人人享有的要求，坚守底线、突出重点、完善制度、引导预期，注重机会公平，保障基本民生，加大民生投入，以民生改善夯实人民幸福之基、社会和谐之本，使全体市民在共建共享发展中有更多获得感。为此，深圳市出台了一系列与户籍相关的政策（见表 4-6）。

表4-6　　2010年至今深圳市户籍与人口改革政策与措施概览

年份	政策与措施	内容说明与意义分析
2010	《关于开展农民工积分制入户城镇工作的指导意见》《深圳市个人申报技术技能迁户实施办法》《关于印发深圳市外来务工人员积分入户试行办法的通知》	达到申请积分分值的外来务工人员可通过所在工作单位提出入户申请，也可以通过个人申报方式经由人力资源服务机构申请入户
2012	《深圳市外来务工人员积分入户暂行规定》《深圳市引进人才实施办法》	当外来务工人员积分入户指标累计达到一定分值时，可申请办理入户。经审核同意的积分入户人员迁户时，如系农业户口，可办理深圳农转非户口；其18岁以下且中学在读的子女，可随其同时迁户；其配偶随迁入户按政策性随迁规定办理
2013	《深圳市人才引进实施办法》	拟引进的市外人才积分达到规定分值，可依程序申请办理人才引进、工作关系档案接转和户籍迁入等手续，申请人办理迁户时如系农业户口，可办理深圳市农转非手续，符合随迁政策的子女可随其同时迁户
2015	《深圳市居住登记和居住证办理规定》	加快农民工入户城镇的工作部署，进一步畅通外来务工人员"居住证+社保"入户渠道，构建和谐劳务关系
2016	《深圳市2016年改革计划》《深圳市户籍迁入若干规定》（深府〔2016〕59号）《深圳市人民政府关于进一步加强和完善人口服务管理的若干意见》	根据全市经济社会发展情况，对户籍迁入进行宏观调控，旨在优化户籍政策，提高户籍人口比重，加快调整人口结构。户籍迁入以总量控制、分类管理、存量置换为原则，实行年度计划安排、准入条件和审批入户相结合的管理方式。户籍迁入计划重点满足全市经济社会发展对各类人才的需要，分为人才引进迁户、纳税迁户、政策性迁户和居住社保迁户四大类别
2017	《深圳市积分入户办法（试行）》	自2017年起新增积分入户渠道，积分入户主要以稳定居住、稳定就业、诚信守法三项为入户积分指标，按照市政府下达的年度入户指标数，结合申请人的入户总积分分值由高到低进行排名确定入户名单

在此阶段，深圳市户籍改革工作已然进入深化发展阶段，与前几个

阶段相比，此阶段的改革主要突出以下特征：

（一）进一步扩大户籍人口规模，入户渠道趋于多元化

近年来，深圳市将"来了就是深圳人"作为吸引外地人才的口号，对人才落户不设上限，引领新的增量人口适应产业更新和发展。明确地将入户条件放宽，新增居住社保入户渠道，将长期在深圳工作和居住的存量非户籍人口有序转化为户籍人口，优化人口结构，以期改善当前人口结构严重倒挂的问题。

（二）改革趋于以中高端人才为主要受益群体

将纯学历型人才放宽至大专及以上学历，共覆盖6类人才，加大人才引进力度。同时将人才引进迁户与存量人口入户独立实施，对人才引进迁户由原来的积分制改为核准制，只要符合条件即可申请入户，且数量不设上限。

（三）改革的目的从数量向质量转变

深圳对于人才引进迁户给予了特殊对待，对高层次人才、留学归国人才、本科、专科以上学历和具有高级、中级专业技术资格这几类人才只要满足年龄条件即可经核准后入户。另外，对具有高级技师、技师职业资格和高级职业资格，且在深圳参加3年以上社保并满足年龄要求，符合紧缺工种（职业）的也可办理人才引进迁户。深圳市对各类人才的引进在户籍方面的优待，无疑会从整体上提升入户人口的整体质量，对优化户籍人口结构意义重大。

第三节　深圳市户籍迁移改革的特色政策

一　蓝印户口

蓝印户口是非常有代表性的措施。在1995年实行购房入户政策中，首次引入蓝印户口概念。后又在1996年1月开始实施的《深圳市户籍制度改革暂行规定》中全面完善了蓝印户口制度，该制度规定，外来就业者在满足一定的学历（中专以上）、年龄（特区内40岁以下，特区外45周岁以下）、居住年限等条件的情况下，可申请蓝印户口，或是投资或纳税达到一定数额者可获得蓝印户口指标奖励。截至2005年

8月底，宝安、龙岗两区共办理蓝印户口22万个。购房入户政策虽然在一定程度上促进了深圳特别是宝安、龙岗两区社会经济的发展，但是购房入户政策很难控制引进人口的素质。据有关调查显示，在关外两区已经购房入户者文化层次构成比例中，初中、高中或中专文化占据84.7%之多，而大专以上文化仅占15.3%。[①] 为抑制房地产开发热，促进人口置换战略实现，该政策在2003年终止，在2006年完全退出；获取蓝印户口申请人条件是针对深圳政府机关企事业单位聘用的外来就业者，需要满足一定的学历（中专以上）、年龄（特区内40岁以下，特区外45周岁以下）、居住年限（1—3年，视不同情况而异）等条件，方可申请。蓝印户口的获取形式主要如下：

（一）购房可入蓝印户口

1995年，深圳市出台了《关于促进我市房地产市场发展的若干规定》，决定在宝安、龙岗两区实行购房入户政策。

（二）投资可入蓝印户口

按有形资产或实际投资额计算，投资一定额度（300万元）可以申请相应数额的入户指标。

（三）纳税可入蓝印户口

纳税额连续三年达到一定数额的（特区内每年10万元以上，特区外每年5万元以上），可以申请入户指标；如企业年度纳税超过50万元，奖励一个入户指标；超过100万元，奖励两个入户指标，依次类推。

（四）执业资格可入蓝印户口

2004年，深圳市允许所有持有"注册会计师""注册审计师""全国注册税务师"等16种执业资格证书的外来人员通过招调工入户深圳。

二 暂住人口规范化管理的"1+5"文件

因为深圳市外来人口的急剧膨胀，户籍暂住人口结构"严重倒挂"，严重影响了产业结构的优化升级。同时，城市发展空间不足，

---

① 林若飞、陈飞燕：《蓝印户口明年起退出深圳》，《深圳商报》2006年2月10日。

水、电、油、运等公共资源"瓶颈"问题全面凸显。为缓解上述问题，深圳市委、市政府决定成立"深圳市人口工作领导小组办公室"并由其牵头，组织深圳市公安、劳动保障、计生、教育、综治、统计、法制、人事等部门参与制定了《中共深圳市委、深圳市人民政府关于加强和完善人口管理的若干意见》，以及与之配套的《深圳市户籍迁入若干规定》《深圳市暂住人口证件和居住管理办法》《深圳市暂住人口就业管理办法》《深圳市流动人口计划生育工作管理办法》《深圳市暂住人口子女接受义务教育管理办法》的一个通知与五个配套文件，简称"1+5"文件。

（一）鼓励技能人才入户

《户籍迁入若干规定》中将户籍迁入人员分为技术技能迁户、投资纳税迁户、政策性迁户三大类，并对他们如何办理入户手续做了明确规定。第一类是技术技能入户，对技术技能入户人才有8个条件，符合相关年龄要求，达到其中任一个条件就可以迁户；如国内外获得学士学位以上的人员、在国内具有中级以上专业技术资格、在国家级职业技能竞赛中获奖、在广东省或深圳市劳动保障部门与有关行业联合举办的职业技能竞赛中获奖、受深圳市委市政府表彰的文明市民、优秀保安员及先进工作（生产）者等可视为技术技能入户。第二类是以投资纳税贡献入户，规定在深圳就业的个人最近连续3个纳税年度内依法缴纳的个人所得税累计在24万元以上、在深圳市依法登记注册的个体工商户在最近连续3个纳税年度内缴纳的税额累计在30万元以上等符合入户条件的四类人员，可以入户。第三类是政策性迁户，按照国家和省市有关规定，将符合政策的人员入户深圳，包括夫妻分居、老人投靠子女、未成年子女随迁和复员退转业军人等人员的入户，实行审批入户的管理办法。

与以前的深圳市非户籍人口入户政策相比，《规定》把在深圳有稳定工作和居住的暂住人口作为优先入户的服务对象，在对符合条件的技术技能迁户和投资纳税迁户人员实行核准入户的办法，提高了办事的速度和效率，拓宽了渠道；在入户途径上新增了在深圳投资经商办企业的人员可入户的规定。同时淡化了外来人口的户口性质，规定无论是城镇人口还是农村人口，只要符合入户的条件都可以办理迁户。这些都在之前的政策与制度上有较大的突破。

（二）子女可在深圳享受义务教育

在涉及暂住人口的一系列管理政策中，教育无疑是其中引人注目的部分。在"1+5"文件中，明确凡年满6—15周岁，有学习能力，父、母在深连续居住1年以上，提供父母在深圳市的就业和社会保障证明或者本市工商部门核发的营业执照副本等证明、能提供计划生育证明及转学证明等5种材料的暂住人口子女可申请在深圳市接受义务教育。将暂住人口子女义务教育纳入城市社会年度发展计划，在政府投资项目年度投资计划中，增加资金安排力度，保证中小学新建、改扩建项目建设需要，及时满足义务教育经费、教职工编制、办公经费等资源配置需求。同时要求公安部门在办理暂住证和居住证时，加强收录暂住人口接受义务适龄人口的有关数据，以作为资源配置的依据。

（三）无暂住证者将无住所

《暂住人口证件和居住管理办法》规定，暂住人口如要在深圳市居留满7日以上，须持本人有效身份证件到暂住地社区综合管理服务中心登记，同时规定暂住在宾馆、旅店、招待所的暂住人员，按有关规定履行住宿登记，暂住地址变更需要重新申报暂住户口登记，对拒不申报暂住户口、不办理暂住证的暂住人员，任何单位或个人不得向其继续出租、出借房屋或提供生产经营场地，也不能雇用无证人员。在出生证、户口本、暂住证之外，明确了相应的证件出具单位，规定劳动部门对暂住人口就业和参加社会保险的情况，出具或查验有效证明，人口计生部门为暂住人口出具计划生育证明，街道办事处为暂住人口出具或查验房屋租赁证明，实现了社区、企业、政府三位一体的管控。

（四）辞退员工要办备案手续

《暂住人员就业管理办法》规定，用人单位招用暂住人员后，应当自录用之日起30日内到劳动保障部门办理录用备案手续，并为暂住人员办理就业登记。用人单位与暂住人员解除劳动关系后，应当在7日内到劳动保障部门办理备案手续。用人单位在办理就业登记时，劳动保障部门同时核发《深圳市劳动保障卡》，作为记录暂住人员个人就业状况的凭证，可为暂住人员提供以下合法凭证：求职应聘及按规定享受公共就业服务、办理招调迁户、办理社会保险、申请子女入托和入学。

(五) 计生工作以现居住地管理为主

《流动人口计划生育工作管理办法》第 7 条规定，流动人口计划生育工作实行现居住地和户籍所在地政府共同管理，以现居住地管理为主的原则；现居住地将流动人口计划生育工作纳入本地区经常性管理和服务范围，建立"四项制度"，包括证明和档案登记制度、定期查环查孕制度、信息通报制度、基层包干责任制度。对流动人口的管理，重点仍然是已婚育龄妇女。流动人口申请再生育的，回女方户籍地按有关规定申请办理。流动人口已婚育龄妇女应当按规定在当地接受避孕节育等检查。①

以往基层管理部门各自为政，无法发挥合力，随着"1+5"文件的出台，深圳在人口管理方面陆续出台了一系列改革。如在 2008 年推出居住证取代暂住证；对无固定居所、固定工作的短期流动人口，重点实施治安管理和居住管理；全面推行出租屋租赁合同登记，努力改变出租屋业主、雇用单位只收租、只用人、不管理的现状，将管理重心逐步下放到街道与社区，促进外来人口的管理与服务措施落实到位。

三　深圳市外来务工人员积分入户试行办法

2010 年度农民工积分入户政策，是在稳定常住人口、加快产业结构调整、加快人口转换与素质提升方面的又一政策举措。这一政策举措，不仅破除了城乡二元户籍体制，还体现了深圳市在城市战略调整与产业结构转型、外来人口治理、外来人口的权益保障、深圳市城市治理等多重管理新理念。

(一) 构建"以证管人与以房管人相结合"的外来人口治理新理念

在积分入户政策中规定"持有深圳市居住证的得 2 分，持有深圳市临时居住证或没有办理深圳市居住证的不得分""按申请人持深圳市居住证年限计算（持原深圳市暂住证时间不计算），每满 1 年积 1 分（月份零头不计算），总分最高不超过 10 分""以申请人在深拥有合法产权住房时间计算（申请人在深拥有多套合法产权住房的，只以拥有

---

① 曾妮、吕冰冰：《"1+5"文件试解深圳人口管理难题》，《南方日报》2005 年 8 月 5 日。

时间最长的一套计算，不能累加），每满 1 年积 2 分（月份零头不计算），总分最高不超过 20 分"。这三类规定将促进外来人口主动接受深圳市对暂住人口的管理政策、主动接受登记、主动申请办理居住证，以促进深圳市的"以证管人与以房管人相结合"的政策顺利实施。

（二）内外结合的外来人口权益保护新理念

深圳市规定缴纳社会养老保险每满 1 年得 3 分、缴纳深圳市其他社会保险险种年限每险种每满 1 年积 1 分（此项最高不超过 10 分），上述两项分数累计计算结果超过 30 分的按 30 分计。除深圳市出台的相应的社会保险管理规定及相应的子女接受义务教育等政策外，这一政策也将促进有意长住或落户深圳的外来人口推动工作单位购买社会保险，促进深圳市对外来人口的保障制度的落实与完善。

（三）以人口素质提升为导向的人口置换新理念

2005 年，在深圳市出台的《深圳市户籍迁入若干规定》中，对技术与技能入户的导向已经非常明显。在 2010 年出台的《深圳市个人申报技术技能迁户实施办法》（深发改〔2010〕1172 号）中规定，个人可以申请技术技能入户；同时在针对农民工积分入户中，也明确规定拥有中高级技能证书或职称证书，可以获得相应的积分政策；同时规定不同年龄段的人员享有不同的积分，年龄越大积分越少；此外，还规定申请人近 3 年内在国家级一、二类职业技能竞赛中获奖，或者在广东省、深圳市人力资源保障部门自行举办或其与有关行业联合举办或其同意各区劳动部门举办的职业技能竞赛中获奖的，得 30 分的积分；这些基于低年龄、高学历、高技能的入户政策导向都融入农民工积分入户政策中。

（四）遵纪守法、文明美德为导向的城市人口治理新理念

积分入户政策规定中的加分与扣分项目，体现了深圳市将对非户籍人员管理的导向。加分政策中规定非户籍人员每合法献血 1 次得 2 分、参加义工或青年志愿者服务每满 50 小时积 2 分、慈善捐赠每捐赠千元积 2 分，上述规定的单项积分是 6 分，意味着可以通过以上三项慈善与美德行为积 18 分；同时还规定如果有超生和非婚生育及收养子女未登记的违反计划生育政策行为、近 5 年内曾受过劳动教养行为、受到刑事处罚或参加国家禁止的组织及其活动的违法犯罪行为、一生中不良诚信

记录行为一次扣 20 分至 100 分不等。这些加分项目体现了深圳市鼓励外来人口参与献血、义工、慈善捐赠活动，从而促进深圳市城市文明的建设。而扣分项目则体现了深圳市户籍政策所附加的计划生育、社会治安、诚信管理等复杂的人口管理属性。

第四节 深圳市户口迁移制度改革的经验总结

深圳市自建市以来，在外来人口的劳动权益保障、社会保险、子女入学、户籍迁入、流动人口管理等多方面，进行了渐进式的户籍制度改革尝试，并在许多方面为中国户籍改革提供了参考经验。总体来说，可以从以下几个方面的改革演进来对深圳市过去 40 年的户籍改革经验进行总结与分析。

一　流动人口管理理念演进

深圳对待流动人口的管理理念，是紧密围绕深圳市经济发展与产业结构战略进行变化的，对流动人口的管理理念随着深圳市城市经济发展、产业结构与城市定位也历经五个阶段。

（一）促进人口流入阶段

在特区成立的前 5 年，都是公共基础设施建设阶段，需要大量的人口来支援建设，为撬动当时阻碍人口流动的户籍制度，深圳市通过出台保障劳动权益、打破粮油的计划供应、改革薪酬体制等措施，促进了人口流入。

（二）限制人口流动阶段

1985—1990 年，"三来一补"加工业是当时的主导支柱产业，需要大量的流动人员，但大量的流动人员进入深圳后，给当地社会治安、公共交通、卫生医疗、教育等服务带来了极大的挑战，在此期间，全国性的限制人口流动的政策与措施出台，深圳市出台了规范流动人员管理的居住、就业、入户等限制性规定；1990—1995 年，"三来一补"的加工业增长势头回落，人口增长也有所回落。

（三）产业结构调置与人口置换阶段

1995—2005 年，深圳的传统加工业开始隐退，以计算机通信、生物技术为代表的高新科技产业增长迅猛，与金融业、物流业等新兴产业一起成为支柱产业，经济素质得到实质性的提高，大专以上学历及拥有中高级职称的人口比例持续快速提升，低素质人口比例下降明显，人口素质显著提高，依托产业结构调整的人口置换战略实施成效明显。

（四）促进高素质常住人口沉淀阶段

2005年以后，外来人口的流入持续放缓，长期的户籍人口与非户籍人口倒挂，特别是从2007年开始出现常住非户籍人口首现负增长，让深圳市政府充分认识到，一个城市如果要想长期稳定的发展，必须要有较高比例的常住人口，而非户籍人口的高流动性，显然不利于深圳市的稳定发展。在这个过程中，深圳市在促进常住人口中优秀人才落户、促进流动人口权益保障、淡化户籍理念、促进常住人口福利均等化方面做出很多改革。

（五）全国性的"抢人大战"阶段

自2017年年中开始，全国掀起了一场极具标志意义的"抢人大战"，南京、武汉、成都、天津、海南、长沙等20多省区与城市先后出台力度非常之大的措施吸引人才。党的十九大提出，随着经济发展从高速增长向高质量转变，发展是第一要务，人才是核心资源。进入2018年，各大城市的"人才抢夺战"日趋白热化，纷纷出台政策抢人。与北京、上海相比，深圳入户门槛低，且对高层次人才奖励补贴力度大。为吸引各类人才，深圳打出了人才政策的"组合拳"。一是入户方面，与北京、上海严控户口相比，深圳落户则显得最为宽松，门槛最低。二是奖励方面，深圳最高1000万元购房补贴力度全国最大，和西安、成都的"不手软"补贴力度相比，深圳显得更是"财大气粗"。三是配套措施方面，为解决人才的后顾之忧，深圳提出将人才的社会贡献纳入子女的入学积分权重中，相比而言，深圳在教育、医疗卫生方面的优惠政策则更加注重公平性，深圳出台的各项措施也更为细致。[①]

二 户籍迁入形式演进

深圳市户籍迁入政策经历了以下几种形式的演进：

---

① 张小玲：《抢人大战，深圳打出"组合拳"——吸引高层次人才也不放过中端人才，入户门槛低过京沪》，《南方都市报》2018年4月10日 A01版。

（一）城市户籍调入阶段

在深圳市早期，为支援深圳市建设，从全国各地选派的人员按一定程序将个人的档案与粮油关系与户籍直接调入深圳市，在早期的支援建设式的调入几乎没有门槛，在1984年，迁入的人员平均年龄超过了35岁，有一半以上迁入者学历在大专（不含大专）以下。

（二）居住安置式迁入阶段

在完成基础建设后期，大量的支援建设的工程兵及其家属成员，以及从全国各地调入支援深圳市建设的人员的家庭成员，符合一定的条件，可有计划地迁入式安置。

（三）蓝印户口入户阶段

在深圳市最早实施的蓝印户口，为由非户籍人口向户籍人口转变提供了一种过渡性方式，为深圳选择性过滤外来人口落户创造了条件。

（四）技术技能人才入户阶段

为配合深圳市产业结构调整与促进高新技术企业发展的战略实施技术技能入户政策，旨在促进高学历与高技能型人才落户，促进深圳市人口置换。

（五）农民工入户阶段

为了稳定农民工队伍、拓宽入户渠道、促进农民工中优秀人才在深圳长期发展，在2003年实施的户籍政策中，规定农业户籍人口只要持有深圳市规定的相应的职称、从业资格或技能证书，即可直接迁移入户并同时办理"农转非"手续。

（六）积分入户阶段

2010年度农民工积分入户籍政策，是在稳定常住人口、加快产业结构调整、加快人口转换与素质提升方面的又一政策举措，该政策破除了城乡二元户籍体制，还体现了深圳市城市战略调整与产业结构转型、外来人口治理、外来人口的权益保障、深圳市城市治理等多重管理理念，其经验有望在全国推广。自2017年7月17日起，深圳正式实施积分入户政策。积分指标由居住情况、参加社会养老保险年限情况及诚信守法情况等指标组成，入户总积分为各项指标累计积分。

三 劳动权益保护的演进路线

深圳市在外来流动人口的劳动权益保障方面走在了全国前列，其权益保障的演进路线如下：

（一）劳动报酬权益保护阶段

在1981年出台的经济特区劳动工资管理暂行规定中，要求企业保障劳资双方的权益。劳动报酬权益保护是深圳市最早的劳动权益保护规定，也拉开了中国劳动权益保护的序幕。

（二）工伤权益保护阶段

在1982年出台的《职工劳动保险条例》中规定，企事业单位要为职工提供无害的劳动环境，提供必要的劳动保护，并针对出现工伤事故进行界定，明确了用人单位为责任承担主体，拉开了中国职工人身安全权益保护的序幕。

（三）劳动合同保护阶段

在1983年出台的《深圳市实行劳动合同暂行办法》中规定，新招收的工人一律要实行劳动合同制，明确劳资双方的权益，在1994年出台了《深圳市经济特区劳动合同条例》中明确了劳动合同的签订、保持、中止等相关约定，劳动权益的保护进一步得到加强。劳动合同的实施，开始将外来人口与用工方置于同等法律地位，树立了平等协商用工理念，开启了中国劳动权益全方位保护的新理念。

（四）最低工资权益保障阶段

1992年，为规定企业工资分配行为，捍卫劳动者尊严、保障劳动者的基本劳动权益，深圳市在中国内地率先出台了最低工资标准，探索最低工资制度，劳动者基本权益得以完善。

（五）发展权益保障阶段

深圳市为响应国务院颁发的《国务院关于解决农民工问题的若干意见》与广东省颁布的《广东省人民政府关于进一步加强农民工工作的意见》两项政策，于2006年颁布了《深圳市人民政府关于进一步加强农民工工作的意见》，提出促进农民工融入并加强农民工培训工作，促使其转化为技术工人队伍。深圳市总工会于2010年开设了农民工学校，推行具有特色的农民工圆梦计划，每年为农民工提供职业技能培训学位。

（六）政治权益保障阶段

政治参与是现代社会政治生活中的重要现象，它与一个社会的权力分配和政策形成有密切的关系。从某种意义上讲，政治参与的状况反映着一个社会政治体系的内容和质量，也是该社会政治发展水平的重要标志之一。政治参与是公民表达、维护、实现个人或团体乃至公众利益的现实途径。[1] 深圳市总工会的调查数据显示，新生代的政治权力意识已经觉醒，他们已经开始意识到要提高农民工群体社会地位的重要性，有46%的人希望能够选出更多的农民工人大代表，从而能够获得更多的话语权。有28.6%的人希望在工作地有参选资格。新生代进城农民工要求参政、议政的意识显著高于老一代。深圳市率先于2007年11月选出了广东省农民工人大代表，开创了中国流动人口的政治权益保障的先河。

（七）人才优先发展阶段

深圳市出台了《关于促进人才优先发展的若干措施》，针对高层次人才的奖励和补贴力度属全国最高，对人才的入户门槛也相对较低。人才配套政策方面，深圳则提出将人才的社会贡献纳入子女入学积分权重。深圳高层次人才的非本市户籍子女在本市就读义务教育阶段和高中阶段学校，享受本市户籍学生待遇。医疗方面，杰出人才可享受一级保健待遇，国家级领军人才、地方级领军人才和除杰出人才外的其他海外A类人才、B类人才可享受二级保健待遇，后备级人才和海外C类人才可享受三级保健待遇。

四 社会保险改革的演进路线

在工伤、医疗、养老、失业与生育等社会保险方面，主要针对流动人口的社会保险体系经过了以下演进：

（一）工伤保险先行

在1982年出台的《职工劳动保险条例》中规定，企业要为员工购

---

[1] 郑传贵：《流动人口政治参与边缘性的社会学研究》，《南京人口管理干部学院学报》2004年第3期。

买劳动保险，劳动保险中最早包括中国工伤保险的主体思想，并在1989年形成单独的法规，即《工伤保险管理规定》，保障员工在工作过程中的企业劳动环境保护责任，实现工伤基金共济。由于缴费的基数小，同时工伤的责任主体是企业，企业承担全额的工伤保险费用也理所当然，所以推动起来也最容易实现。

（二）推进医疗保险全覆盖

1992年，深圳市出台了《深圳市社会保险暂行规定》，并在随后出台了《深圳市社会保险暂行规定职工医疗保险实施细则》，明确保障外来务工人员可以缴只能保障大病的基本医疗保险，虽然只能保障大病的住院保障，但对外来务工人员保障已经是一种进步；在2005年出台的《深圳市劳务工合作医疗试点办法》中规定，农民工可以有条件享受门诊医疗待遇，医疗保险的对象进一步拓宽。2014年1月1日正式实施的《深圳市社会医疗保险办法》进一步提升了医疗保险待遇水平，并在医疗保险缴费、待遇、监管等政策内容方面进一步完善，将农民工纳入地方补充医疗保险，享受地方补充医疗保险待遇。

（三）推进基本养老保险全覆盖

1998年，深圳市出台的《深圳经济特区企业员工社会养老保险条例》规定，非本市户籍员工实际缴费年限累计满15年如选择在深圳退休可享受基本养老金的资格。如果离开深圳特区，其缴纳的养老保险中个人账户中的金额可以转入所去地区社会保险机构或退还本人。在2006年出台的《深圳经济特区企业员工社会养老保险条例》规定了非深圳市户籍员工在深圳累计缴纳养老保险满15年以上，可以选择在深圳退休并享受退休待遇。深圳市在非户籍人口的异地退休与养老机制的创建方面开了先河。

（四）推进儿童医疗保险全覆盖

2007年，深圳市出台了《深圳市少年儿童住院及大病门诊医疗保险试行办法》，该办法覆盖了所有户籍与非户籍的儿童医保，不仅可以享受大病医保，也可以享受门诊待遇。至此，流动人口的子女也有条件地纳入了医疗保险保障范围。从2013学年开始，深圳市少儿医疗保险个人缴费金额降至190元/年。参保少儿到外地住院也可报销，符合条件的非深户少儿也可参保。

（五）推进生育保险覆盖

深圳市在 2003 年以前，均将医疗社会保险作为生育医疗费的支付渠道，生育保险的医疗费与工资等待遇由用人单位负责。从 2003 年 7 月 1 日起，深圳市开始施行《深圳市城镇职工社会医疗保险办法》，首次提及生育医疗保险，并将之连同基本医疗保险、地方补充医疗保险一起作为三个强制性医疗险种，共同组成医疗保险，但只覆盖深圳户籍人员；深圳社保局规定，从 2009 年 3 月起凡参加住院医疗保险的参保人，同时可享受生育医疗保险待遇，并与参加综合医保参保人享受同等待遇。从而使享受生育医疗保险待遇的人群，由原来的参加综合医保参保人，扩大到参加住院医疗保险的非深户员工。2014 年 1 月 1 日正式实施的《深圳市社会医疗保险办法》进一步扩大了生育医保的覆盖面，住院医保人同时可享受生育医保待遇。

（六）推进失业保险全覆盖

2011 年 1 月 18 日，深圳社保局宣布将在本年度将 600 万外来工纳入失业保险范围，外来非户籍人口有望在 2011 年开始享受与深圳户籍人口一样的所有社会保险待遇。2015 年 11 月公布了修订后的《深圳经济特区失业保险若干规定》，失业人员符合法定条件的，可以按月领取失业保险金，失业保险金标准为本市月最低工资标准的 80%。在领取失业保险金期间，按照本市医疗保险制度的规定参加医疗保险，享受医疗保险待遇，医疗保险费由失业保险基金支付。

五 户籍迁入限制性条款改革演进

（一）学历性限制演进

从最早的户籍管理规定中，规定流动人口中博士与海外留学优先入户，到 1996 年出台《深圳市户籍制度改革暂行规定》放宽至硕士与重点大学本科人员可以转为常住户口，再到 2000 年明确规定学士以上人员免征城市基础设施增容费，学历条件进一步放宽至所有本科；在 2001 年推进的技术技能入户中，学历有条件地进一步放宽至中专以上；在 2008 年，大专以上学历且属于深圳市紧缺专业，则直接迁移入户，在 2009 年，大专学历人员则可自主申报入学；在 2010 年的积分入户管理办法中，中专以上学历可获得相应的积分，中专以上学历入户的条件进一步放宽；2017年的积分入户管理办法依然实行积分制入户形式，但一改积分制为核准制，不设指标的数量上限。深圳的户籍迁户的类别由三变四，增加了"居住社保迁户"这个类别，并将"技术技能迁户"直接强化为"人才引进迁户"。

（二）申请入户的主体限制演进

在深圳市建市初期，最早申请入户的主体，只有政府机关与事业单位可以申请户口迁入指标，后来放宽至深圳市国有企业；在1998年，为鼓励高新技术企业的发展，申请主体拓宽到高新技术企业；在2001年，取消了招调公立的企业注册资金的限制；从2003年2月起，深圳打破所有制界限，对全市企业法人实行同等条件、统一立户，入户的申请主体进一步拓宽；2007年4月深圳市人事局宣布正式实施个人身份入户办法，该办法的出台将意味着深圳五类人才将打破人才的单位属性，无须用人单位的录用或者挂靠就可以以个人身份直接入户。该举措同时标志着深圳将突破由单位办理人才引进的单一模式，实行单位办理和以个人名义申请办理相结合的人才引进新模式。

（三）入户途径演进

最早的深圳市户籍政策只有政策性入户及工作调动迁入入户途径，到由前者产生的随迁入户途径；后来，为了鼓励当地房地产销售而采取购房奖励入户指标的蓝印户口模式，再到将蓝印户口模式扩大到投资纳税奖励，1995年以前入户途径除了工作调入外，主要针对对深圳市经济发展有直接贡献的人员开放；在1995年以后，旨在促进高新技术企业发展，入户途径转向吸引高学历、高技术、高技能型人才入户；在2010年的积分入户政策中，开始综合考虑个人基本素质、贡献、诚信、道德等多方面的因素，入户的途径进一步放宽；2017年深圳积分入户形式依然有效，将积分制改为核准制且不设指标数量上限，深圳的户籍迁户的类别由三变四，增加了"居住社保迁户"这个类别，并将"技术技能迁户"直接强化为"人才引进迁户"。

六 其他权益性改革的演进

在2000年以后，逐步在户籍迁入方面进行了以下改革：①简化招调工审批流程，招调工指标由审批制改为核准制；②取消拟招工人员必须是未婚的限制；③取消了招调人员的地区限制：以往要求招调人员须来自大中城市、对县以下的地区的人员入户有特别限制的相关规定也在这一阶段取消；④取消了先男后女的限制；⑤扩大对技能人才、特殊人才及其配偶核准招调工的范围；⑥取消了招调人员必须持有与工种、专业相对应的职业资格证书的要求；⑦扩大非户籍人口的社会管理参与权；⑧由暂住到居住的权益演进。旨在推进以证管人到以证管人与以房管人相结合的流动人口管理新模式，在2008年的居住证中，拓宽了流动人口在就业服务、培训、申评职称、子女享受计划基础疫苗免费接种、免费享受国家规定的计划生育服务、办理出入港澳通行证、申请办理车辆入户和机动车驾驶执照、户籍迁入优先、办理长期房屋租赁手续、有条件享受子女就学、公共租赁住房的有关权益、参与社区组织有关社会事务的管理、参加本市组织的有关劳动技能比赛和先进评比等福利。

总体来说，深圳市庞大的非户籍人口，使深圳市的户籍制度改革难度与复杂程度，远大于其他城市。其户籍制度改革的演进，在全国户籍制度改革浪潮的影响下，被动地推动如取消城市公共基础设施建设增容费、流动人口子女入学增容费、流动人口收容遣返制度等多项改革，同时也主动地推动了旨在稳定常住人员的公共福利均等、社会保障公平等多项措施，从后期的政策看，深圳市在逐步淡化户籍概念，逐步建立以常住人员为中心的人口管理、保障与服务机制，有望为中国的户籍制度改革积累宝贵经验。

第五节　深圳市户口迁移制度改革的成效

一　深圳市产业转型与户籍政策调整成效

深圳经济特区30多年的发展历史中，已经进行过4次产业转型。第一次是被动转型，后三次则属于主动转型，每一次转型都为深圳带来了人口素质提升与户籍政策的调整。

（一）第一次转型：被动选择，奠定外向型经济结构

1985年，有香港媒体用大量数据佐证"深圳的发展速度是靠大量

的基建投资产生的"和"深圳的经济结构是以贸易为主,并且是以面向国内的转口贸易为主"两个事实,就在当年,中央对走私打出了铁拳,加强对深圳进出口商品的控制。一夜间,深圳几千家公司关门倒闭,深圳经济遭遇了第一次严峻的考验。在这种状况下,深圳开始了大力"引进技术、引进资金、发展工业"的第一次转型,转型的结果是大量"三来一补"企业如雨后春笋般成长,构筑成了深圳外向型的工业结构的基础。到1994年的时候,深圳的工业产值则已经跃升到全国前列,GDP也上升到第6位。

在这一阶段后期,根据对当时进入特区的人口分析发现,总体高层次人才偏少、人口整体素质低下、纯粹的来料加工型的经济增长方式难以为继,开始大力扶持交通、能源及高新技术等产业的发展,同时推进产业结构调整并构建人口置换战略,然而人口置换的最有效方法是调整产业结构,加快产业升级,给高素质人才增加就业机会,降低对低素质劳动力的岗位需求,以减少对人口的压力;此外,意识到如果不对人口增长进行宏观调控,不将无组织、无计划的人口自由流入式纳入就业渠道,就不能确保企业用工与劳动力输入、退返形成良性循环,并且可能使深圳特区成为迁移流动人口的沉淀地。

以上的政策措施,使深圳特区人口素质得到了很大改善。数据显示,1986年引进的人才平均年龄37.3岁;而到了1995年,常住人口平均年龄下降为27.63岁,每10万人中大专以上人口为7046人,年龄结构趋于合理,人口素质进一步提升。

(二)第二次转型:主动出击,奠定高新技术优先发展的战略地位

20世纪90年代中期,著名学者胡鞍钢提出了"特区不特"的命题,引发了一场全国性大讨论。深圳市从这次讨论与反思中,提出"第二次创业",变被迫转型为主动选择,选择高新技术产业作为发展方向,截至2005年,深圳的高新技术产业产值已经超过工业总产值的50%,成为深圳市第一大支柱产业。

在此期间,深圳市通过放宽企业人事立户条件和招调入户条件,简化招调工审批流程,取消拟招工人员必须未婚及招调人员的地区来源限制,取消先男后女的限制,扩大对技能型人才及其配偶核准招调工的范围,取消招调人员必须持有与工种、专业相对应的职业资格证书的要

求,拓宽了引入投资、纳税等贡献入户途径,逐步放宽外来人口流入限制、逐步加强对外来人口的服务、拓展外来人口权益,进一步加大人口置换力度,人才置换战略取得了显著成效。为促进产业结构调整,进一步促进高新技术企业发展,实现"和谐深圳,效益深圳"的战略目标,将促使就业于劳动密集型的低端企业的人口进一步导出深圳,同时,内地经济的进一步发展将促进劳动力进一步回流内地,加快了深圳市人口置换的步伐。1995 年,深圳每 10 万人中接受大专以上教育的人口为7046 人,而到了 2005 年,达到 12696 人;截至 2005 年,深圳市具有大学以上文化程度的人员达到 105.02 万人,高素质人口比例增幅超过70%,以产业结构调整的人才置换战略成效明显。

(三) 第三次转型:高瞻远瞩,创建创新型城市

2005 年,深圳悄然开始了第三次产业转型,标志性事件是文化产业继高新技术产业、物流业、金融业之后上升为第四大支柱产业。2007 年深圳"一号文件"聚焦高端服务业的发展,以及 2008 年年底国务院通过的《珠三角发展规划纲要》将"前海深港现代服务业示范区"上升为国家战略。2008 年,深圳的第三产业产值超过第二产业,比重首次超过 50%。在这一阶段,全国各地的经济均出现高速增长,长三角地区的经济开始与珠三角并驾齐驱,中国西部大开发第一个十年计划进入尾声,中国中部地区的都市圈战略初步形成,中国城镇化进程加速,分散了对中国流动人口的吸引力。在此期间,深圳市房价持续高涨、生活成本持续上升、产业结构持续调整对外来人口形成了推力,同时全国经济的高速发展也对外来人口产生了拉力,在内部推力与外部拉力作用下,深圳市的非户籍人口于 2007 年首现负增长,增长率为 - 0.07%,而全市常住人口的增长率也进一步放缓。

非户籍人口的高流动性、增长的无序性等特性威胁到深圳市经济与社会的长期稳定发展,深圳市除进一步拓宽入户途径、加大外来人口服务力度、推动公共福利均等化方面之外,还出台了建立非户籍人口退养机制、完善常住非户籍人口的子女义务教育机制、完善外来人口的权益保障、实现非户籍就业人口与户籍人口在医疗保障权益上的平等化、进一步加强对外来人口的劳动立法保护、推进居住证制度。对外来人口入户的管控原则方面,以控制总量、优化结构、提高人口整体素质为总体

战略目标，在入户途径方面拓宽了文体、美德等入户途径，继续鼓励投资纳税与技术技能入户，还专门针对农民工制定并实施了积分入户管理办法，进一步加强对外来人口的服务与关爱。这些改革进一步拉小了户籍人口与非户籍人口在享受公共福利方面的差距，进一步促进了常住人口的福利均等化。

（四）第四次转型：适应新常态，立足国际化

2014年5月，习近平在河南考察时指出，我国发展仍处于重要战略机遇期，我们要增强信心，从当前中国经济发展的阶段性特征出发，适应新常态，保持战略上的平常心态。党的十八大以来习近平关于经济工作作出了重要论述，即以习近平为总书记的党中央对经济形势做出了经济增长速度换挡期、结构调整"阵痛期"、前期刺激政策消化期三期叠加的重要判断。

民生证券研究院副院长管清友将新常态概括为"习近平常态"，即一是增长速度的新常态，即从高速增长向中高速增长换挡；二是结构调整的新常态，即从结构失衡到优化再平衡；三是宏观政策的新常态，即保持政策定力，消化前期刺激政策，从总量宽松、粗放刺激转向总量稳定、结构优化。2014年，是我国进入全面深化改革的开局之年。2015年，是我国全面完成"十二五"规划的收官之年。经济新常态，如何适应？《人民日报》题为《经济发展迈入新阶段》的评论员文章给出了多点建议：一是冷静理性，不急不躁，顺势而为。潜在增长率下降、经济增速放缓，不以人的意志为转移，需要保持战略定力，坚持区间调控、定向调控，轻易不搞强刺激，不踩大油门；同时又要坚持底线思维，应对各种不确定性因素带来的冲击，力求经济保持合理的增长速度，既不过速，也不失速。二是积极主动，开拓创新，尽力而为。新常态是新的探索，以改革开路，充分发挥市场的决定性作用。

新常态下，深圳发力供给侧结构性改革，以新兴产业、新兴业态、创新载体为主要内容的新经济，呈现出了前所未有的新活力，为这座城市注入了全新的创新发展动力。受益于深圳战略性新兴产业及未来产业政策的支持，像华讯方舟这种研发型科技企业已是遍地开花。大疆创新、光峰光电、优必选、光启、超多维、柔宇科技等深圳本土企业，早已成为各自领域的"独角兽"。大象级的华为、中兴，小巨人的华讯方

舟、大疆创新，深圳新兴产业形成良性有序发展梯队。目前，以七大战略性新兴产业和四大未来产业为主体的新兴产业，成为深圳经济增长的"主引擎"。

二　户籍制度的人口置换战略成效

国务院新闻办于2010年9月发表的《中国的人力资源状况》白皮书指出，截至2009年年底，全国15岁以上人口平均受教育年限接近8.9年；主要劳动年龄人口平均受教育年限为9.5年，其中受过高等教育的比例为9.9%；而深圳市6岁及以上人口受教育平均年限为10.81年，比国家平均水平高出1.31年；每10万人中拥有大专及以上教育程度人口数量为18015人，受过高等教育的比例为18.02%，比国家平均比例高出81%。在2009年，深圳市每10万人中受过高中及以下教育的人口减少1902人，减量进一步加大，人才置换成效明显；1987年，深圳市15岁到60岁的劳动适龄人口比例为69.05%[1]，在2009年的比例为89.95%，提高了20.9个百分点；表4-7是深圳市常住人口大专及以上人员增长明细。

表4-7　　　　深圳市常住人口大专及以上人员增长明细

年份	每10万人口中大专及以上人数	每10万人口中每五年新增大专及以上人数	五年同比增长（%）
1985	3656	—	—
1990	4467	811	22.18
1995	7046	2579	57.73
2000	10479	3433	48.72
2005	13331	2852	27.21
2010	17199	5868	44.01
2015	24000	6801	39.54

注：以上基数数据来源于1985—2015年的《深圳市统计年鉴》《深圳年鉴》。

---

[1] 深圳经济特区年鉴编辑委员会：《深圳年鉴（1988）》，广东人民出版社1988年版。

在1998年以前近十年时间内，受益于产业结构的调整，以及深圳市经济发展的先发优势，深圳市每年大专以上人口增长比例都超过了10%，人口置换进入了"快车道"。在1998年，深圳市调整了落户政策，将人才调入的学历要求从大专以上提升至本科以上，从曲线上可以看出，受这一政策的影响，深圳市大专以上人才增长速度下滑明显，大专以上人员增长率由1997年的15.00%大幅下滑至1999年的2.07%，并自1998年起，步入了6年的超低速增长期。在2005年，深圳市出台了关于流动人口管理的"1+5"文件，对流动人口的工作、生活与公共基础福利环境大幅改善，高素质人才的流入又开始加速。

近年来，深圳市大力实施人才战略，不断出台促进产业结构调整与升级政策，大力扶持高科技企业发展，同时出台了人才入户政策，加大了人才引进力度，深圳市的户籍政策在经济战略中人力资源配置与人才战略导向方面起到了举足轻重的作用。同时，对入户条件的进一步放宽，对人才沉淀的效果也非常显著，户籍政策成为深圳市经济发展、城市治理、产业结构、人口置换的经济工具与政治工具。据深圳市发展和改革局提供的数据显示，2008年，户籍机械增长人口中，博士、硕士研究生以上人才1.5万人，比上年增加0.4万人；大专以上人才84102人，比上年增长1万人，分别为户籍人口机械增长比重的12.47%和69.36%；截至2016年年底，深圳累计引进高层次人才8275人，海外留学人员8万余人，拥有专业技术技能人才452万人，占常住人口的38%，深圳市人才置换战略成效显著。

第五章　深圳市的城乡户籍统一

"城市化"这一术语是在1867年由西班牙工程师赛尔门写的《城市化的理论问题》一书中被首次使用。恩格斯认为，城市化由于大工业的推动，使村镇变成了小城镇，小城镇变成了大城市；克拉克指出，城市化是第一产业人口不断减少，第二、第三产业人口不断增加的过程；沃思认为，城市化是指农村生活方式向城市生活方式发生质变的过程；日本社会学家矶村英一指出，城市化可以分为动态的城市化、社会结构的城市化和思想感情的城市化；《中华人民共和国国家标准城市化规划术语》定义：城市化是人类生产和生活方式由农村型转向城市化的过程，不是简单的人口结构的转化，而是一种产业结构及其空间分布结构的转化，是传统方式向现代劳动与生活方式的转化。总的来说，城市化是世界各国社会经济发展共同现象，是社会生产力的变革所引发、由农业为主的传统乡村社会向以工业和服务业为主的现代城市社会逐渐转变的历史过程，具体包括人口职业的转变、产业结构的转变、土地及地域空间的变化，不同的学科从不同的角度对其有不同的解释。

深圳市的经济经过12年的高速发展，特区内的工业用地制约着深圳后续的发展。深圳市政府基于统一规划的考虑，在1992年对扩容前的经济特区内四个区的68个行政村、173个自然村全部改造成城市居委会，并对4万多农业人口一次性进行"农转非"改革。至2003年，特区内基本没有发展空间，需要向特区外进行拓展，同时，深圳市的龙岗与宝安工业化水平较高，农村城市化改革的条件已经具备。为加快深圳国际化建设的步伐，实现经济特区内外协同发展，深圳市委、市政府在2003年10月至2005年对扩容前特区外的龙岗、宝安两个区进行了一次性"农转非"改革，至2004年成为全国首个无农村、无农民的城市。通过两次"农转非"改革，深圳市因此成为最早全面完成农村城镇化改革的城市。

为进一步提升深圳城市水平，统筹片区协调发展，2009年市政府将深圳市大工业区和原龙岗区坪山街道、坑梓街道整合为坪山新区，2010年深圳市经济特区范围延伸到龙岗和宝安，2011年在龙岗和宝安新增两个功能新区，分别为"龙华新区"和"大鹏新区"；为继续创新引领超大型城市可持续发展为主题，2018年2月深圳市建设可持续发展议程创新示范区；以2016年数据为准，深圳市下辖有9个行政区和一个新区，下辖57个街道办事处、790个居民委员会。截至2017年人口统计，深圳市常住人口1252.83万人，其中常住户籍人口434.72万人，常住非户籍人口818.11万人。[①] 本章的研究主题以深圳市第二次农村城市化改革作为研究对象，从其改革的背景、实施途径、成效分析、经验思考四个方面进行阐述。

第一节 深圳市城乡户籍统一的背景

一 特区发展空间受限

深圳特区经过20多年的发展，土地资源几乎消耗殆尽，深圳市的后继发展遇到了土地资源有限性制约。据市民政局2017年向市人大透露的数据得出，深圳国土开发强度接近50%，已基本没有可供成片开发的土地，许多大项目没有地方安排，其中之一就是产业用地匮乏，并指出这是制约我市经济发展的最大障碍。尤其是人均土地面积低于全国人均水平，据深圳市民政局2017年向人大介绍的数据中显示深圳市人口密度全国最大，每平方千米人口超过8000人。因此，为了积极推进农村城市化管理体制改革是深圳市拓展城市发展空间、促进自身和谐稳定发展，加快城市进程、提高城市规划管理与建设水平、缩小特区内外差距、实现协调发展的客观要求，深圳市规土委进行了优化土地管理制

---

① 深圳经济特区年鉴编辑委员会：《深圳年鉴（1988）》，广东人民出版社1988年版。

度改革，具体做法是将大多产权不清、利用效率低、矛盾突出、难以开发利用的土地，以及城市化过程中尚未完善的固有化手续的旧村、旧工业区等通过创新土地管理化政策等综合手段盘活，争取到2020年盘活释放建设用地50平方千米，但从目前看，部分地区建设用地总量已接近或超过2020年规划控制目标，这说明净增建设用地总量十分有限。①

二 深圳市农村城市化管理体制改革的基础条件已经具备

从实际发展情况来看，深圳市已经具备了以下四个方面改革的基础条件：

（一）工业化水平较高

第二、第三产业发展非常快，尤其是第三产业，截至2017年，深圳地区生产总值22438.39亿元，其中创新型经济成为深圳市经济主体。一组数据，真实地反映出科技创新亮点已成为深圳经济增长点：2014年，深圳全市高新技术产业增加值达5173.49亿元，增长11.2%，深圳战略性新兴产业规模达1.88万亿元，增加值达5645.33亿元，增长14.1%，约占全市GDP的35.3%。全年六大战略性新兴产业中，生物产业增长8.7%，互联网产业增长15.3%，新能源产业增长9%，新材料产业增长10.1%，新一代信息技术产业增长13.9%，文化创意产业增长17.4%。最新数据显示，2018年上半年，深圳经贸运行继续保持总体平稳、稳中向好的发展态势，工业实现平稳较快增长，深圳市实现规模以上工业增加值3121.2亿元，增长8.7%，增速较去年同期提高1.4个百分点，分别高于全国和全省1.8个百分点。规模以上工业总产值11950亿元，增长7.7%。相关负责人表示，深圳工业经济基本面持续向好，重点行业保持快速增长，工业投资和工业技改投资实现快速增长，其中，机电产品、高新技术产品出口保持快速增长，仍为深圳市出口主力军。② 第二、第三产业的发展已经为深圳农村城市化提供了良好的经济条件。

---

① https://www.chyxx.com/industry/201804/629555.html。
② DF381：《上半年深圳工业实现平稳较快增长》，http://finance.eastmoney.com/news/1355, 20180727914229392.html。

（二）农村基础设施完善

深圳没有了农村但并不等于没有农村经济。深圳市是全国唯一拥有陆海空港的城市，是中国南方的一个重要的物流中心，交通条件优势突出。深圳的公路通到每一个村落，高速公路和交通干线贯穿每一个镇。目前已基本完成供电和饮水的需求，并进一步向节能和环保以及优质饮水工程进发。日供水能力超过100万立方米，约占全市日均供水总量的1/3，农村自来水普及达100%，解决了400多万人的生活和生产用水，相当于内地大中型城市的用水规模[1]；在最困难的2005年最大的日供电量达1.54千瓦时[2]，农村的光纤网络、电话网络、有线电视网络、公交网络与城市差别不大，龙岗区的情况与宝安区基本相似，当时深圳市特区外农村的基础设施与特区内相差不大，基本实现城市化。

（三）农村人口就业呈非农化

自2004年10月31日起，深圳的宝安、龙岗两区18个镇218个自然村的27万村民全部告别农民身份，行政村改制为股份合作公司，村民转变为股民，使深圳成为全国第一个没有农村建制和农村社会体制的城市。尽管有一部分农村户籍，但已经不是传统意义上的农民了，其中绝大部分不再从事农业生产，他们的主要收入来源由集体经济的股份制分红、经商、房屋出租等多元化构成，他们的生活方式也发生了巨大变化，且更趋向于市民。于是深圳成为首个无农村人口的城市。

（四）居民的生活方式与环境的城市化程度高

改革前，其村民人均年收入达到1.03万元，多数农村家庭拥有一幢以上的住宅楼，生活设施和居住环境已实现现代化和社区化。2017年，人均居民收入为52938元，比2016年增长了8.7%。[3] 深圳全部的农民转为城镇居民，在进一步提高整体质量和水平，实现更高层次的经济发展、社会进步、品位提升、环境友好的均衡演进，同时也随着人口的聚集、土地使用变更、产业升级、空间集中等过程的综合，深圳以往的农村人开始向城市人转变，使深圳城市化率为100%，依据城市化的

---

[1] 夏红卫：《深圳市乡镇供水企业未来发展思路探讨》，《中国农村水利水电》2002年第10期。

[2] 陈默：《今年供电量再增10.3%》，《南方日报》2006年2月21日。

[3] http://shenzhen.news.163.com/18/0207/08/DA1FP24C04178D6R.html。

相关理论，实际上深圳的农村已经基本实现城市化。

三 管理体制需要匹配改革发展现状

深圳虽然在基础条件与建制上已经呈现出城市化特征，但是在社会体制方面依然沿袭传统农村经济与社会行为，遵循传统农村管理体制，其体制已经滞后于其城市化客观进程。应该说，深圳经济的国际化水平已经很高，2016年进出口总额2.65万亿元，其中出口额1.58万亿元，连续24年居国内城市首位。但国际化还有更深的含义，即经济的国际竞争力阻碍了深圳国际化城市建设进程。这方面深圳还有很大的提升空间，要求深圳市政府必须进一步吸纳全球的优质资本和优秀企业，并推动深圳企业走出去，更多地创造深圳的国际名牌和国际名企。[1]

四 居民享受公共产品与服务的需要

深圳市建设在党和政府的帮助和领导下，已经解决了一些重要问题，但是其与发达地区的城市化水平还是存在一定的差距，突出地表现在居民对公共产品的需求旺盛，而政府对提供的产品和服务的能力有限，导致供给不足，所以在居民的需求与政府的供给之间存在尖锐的矛盾。我们知道，在深圳农村转为城市化的过程中，政府是社区居民公共物品的主要提供者，在起初还是能基本满足其需求，随着社区居民的发展，越来越不能满足居民日益增长的需要。对此，形成了居民的发展对公共服务供给体制提出了新的要求。究其原因，主要有以下几个方面：一是低效率的行政化，部门缺乏有效的、组织化的管理思路规划和方法，缺乏成熟的管理模式，服务质量难以保障。二是公共供给的市场化程度低，由于公共服务的公共性质，常常难以将精确的公共物品和服务分担到每一个具体的居民身上，导致在社会物质极大丰富的同时，公共物品的供给对象的精准性、供给形式的灵活性、供给层次的丰富性不足，急需市场化力量参与。

---

[1] 中子：《深度城市化是深圳发展的必然选择》，《深圳特区报》2017年3月17日。

第二节 深圳市城乡户籍统一的过程

深圳市全面推进农村城市化管理体制改革的主要实施途径与做法如下:

一 土地所有制改革

(一)将农村集体所有制土地转化为国家土地

深圳市依据国家土地管理的相关政策规定,将农村集体所有制土地转为国有土地。在转换过程中,深圳市政府参照征地补偿标准,给予村组等组织每亩最高2.4万元的经济补偿,同时明确转地补偿归属集体组织,以促进集体经济的发展和增加原村民的股份分红;同时,对土地上的青苗和附着物进行补偿,补偿对象为原村民个人所有,以维护村民权益。龙岗、保安两区共有未建设的集体土地超过230万平方千米,政府共需支付转地补偿金约170亿元。

(二)挂牌出售农村集体所有制土地

深圳市对土地制度改革积极探索,为国家土地制度改革提供了很多示范性样本,其中就包括挂牌出售农村集体所有制土地。深圳宝安区福永街道凤凰社区的集体工业用地挂牌出让经验一度被广为宣传报道,引起社会广泛关注。北京大学国家发展研究院周其仁院长对深圳经验给予了高度评价,认为深圳做法走出了以市场机制配置城市空间资源的新路,具有示范和借鉴作用,成功的模式应能广为推广、大量复制。[1]

(三)规范城乡非农用地统筹

非农建设用地,指的是在深圳城市化进程中,集体土地转为国有土地后,政府为满足原农村集体经济组织的生产和生活需要,保障其经济可持续发展,根据深圳市城市规划和土地管理相关规定,按照一定的标准补偿给村股份合作公司和个人的非农建设面积,主要根据1993年最初颁布的《深圳市宝安、龙岗区规划、国土管理暂行办法》(深府〔1993〕283号文)、《深圳市宝安龙岗两区城市化土地管理办法》(深

---

[1] 张志红:《深圳农村土地制度改革的实践探索》,《中国物价》2015年第7期。

府〔2004〕102号文）和《深圳市宝安龙岗两区城市化非农建设用地划定办法》（深府〔2005〕65号文）所确定、划定的非农建设用地。划定的标准主要如下：对于工商用地以100平方米/人补偿；居民住宅用地以100平方米/户补偿，建设面积不超过480平方米；公共设施用地以200平方米/户进行补偿。在后续的管理中，通过鼓励整体统筹、城市更新等方式解决非农建设用地补划、冲突调整问题。①

土地制度是国家的基础性制度，土地问题涉及亿万农民切身利益，事关全局。2014年出台的《关于农村土地征收、集体经营性建设用地入市、宅基地制度改革试点工作的意见》指出："坚持土地公有制性质不改变、耕地红线不突破、农民利益不受损三条底线，在试点基础上有序推进。"这一精神应当是深圳市土地制度改革经验的集成与推广。

二 养老与医疗保障体制改革

深圳医疗卫生体制与深圳特区的建立与发展同步，以市场化改革为目标，一度成为全国医疗体制改革的"试验台"。2005年开发社会医疗市场，构建二级医疗网络框架，试行社区首诊制和双向转诊制，使医疗网点更加便捷、合理，让市民得到安全廉价的医疗服务。

2012年深圳市发布《深圳市2012年改革计划》，明确提出，深圳将破冰养老保障制度双轨制，研究探索公务员养老保障制度改革，建立既与企业养老保险制度相统一，又体现公务员职业特点的养老保障制度。在新形势下，群众对医疗健康有更高的新期盼、有更多的新要求，深圳市因地制宜地根据市民的需求提供多样化的医疗服务，由罗湖区人民医院和渔邨老人日间照料中心合办的"医养融合"中心，为社区老人提供一个养老、保健、医疗全方位的立体式医疗融合工程。

2015年，深圳市以罗湖区为试点，在全国率先进行"基层医疗集团"改革探索，有效提升了基层社康中心的医疗水平，推动医疗卫生服务向"以基层为重点""以健康为中心"转变，罗湖医改通过顶层设计，建立了"医疗共同体"，并开展医疗保险支付制度的改革，把医院、医生、患者和政府的利益捆绑在一起，破解基层"缺医、少药、

---

① http://www.360doc.com/content/16/0425/21/30932524_553775896.shtml。

没检查"的难题,用有限的健康花费,让老百姓获得"少生病、少住院、少负担、看好病"的健康收益。"罗湖模式"创造了紧密型医联体建设的独特经验,入选国家医改典型,并向全国推广。2017年,深圳开始全面推广罗湖模式,明确提出在各区(新区)至少建立一家基层医疗集团。目前,深圳市各区因地制宜建立了12家医疗集团,初步构建了以"区域医疗中心+基层医疗集团"为主体架构的整合型医疗卫生服务体系。[1]

三 就业与服务保障

(一)明确就业服务工作队伍配置标准

深圳市政府通过加大再就业资金的投入力度,对城市化过程中适龄的劳动人口进行技能培训,加快区级劳动力市场和劳动保障机构建设,拓宽就业渠道,公益岗位优先保障原村民就业,同时把原适龄劳动村民全部纳入失业保险,同时按1万名户籍人口配备一名就业服务工作人员,强化就业服务。

(二)加大创新创业扶持力度

2015年8月,深圳市出台《深圳市人民政府关于加强创业带动就业工作的实施意见》,陆续制定发布7个规范性文件,在加大扶持补贴力度、提升创业带动就业能力、增强创业服务水平等方面推出若干举措。2015年10月至2017年11月,深圳市发放自主创业补贴总金额为2981.69万元、发放创业担保贷款584笔(共计7911万元)、认定51家市级创业孵化基地,带动6万余人就业。

(三)降低失业保险费率

深圳市积极降低用人单位失业保险缴费负担,助力供给侧结构性改革。从2015年12月起失业保险费率由3%下调至1.5%。其中用人单位缴费费率从2%下调至1%、个人缴费费率从1%下调至0.5%。

(四)发放稳岗补贴

对在深圳市依法参加失业保险并足额缴纳失业保险费,且上年度未裁员或裁员率低于该年度本市城镇登记失业率,财务制度健全、管理运

---

[1] 罗医宣:《深圳医改"罗湖模式"向全国推广》,《深圳特区报》2018年4月10日。

行规范的企业，由失业保险基金给予稳岗补贴。稳岗补贴政策从 2015 年开始执行，3 年共发放稳岗补贴 43.53 亿元。

（五）实施失业与工伤保障浮动费率政策

向用人单位征收的失业与工伤保险费率实现浮动制度，其中，失业保险征收实行上下浮动的浮动费率制度，幅度不超过失业保险费缴费标准的 40%。工伤保险是在用人单位按行业基准费率缴纳工伤保险费的基础上，根据用人单位上年度的工伤保险费收支率和工伤事故率等因素，核定其在本年度应当浮动的工伤保险缴费比例。[①]

四 教育改革

在农村城市化改革前，两区共有村办小学 97 所，村集体每年须支付办学补贴总计约 8000 万元，甚至有些还成为部分经济落后的村的财政负担。改制前，龙岗、宝安两区的教育体制是以传统的"分级办学、区镇管理为主"，农村城市化改革后，转换为"一级管理、多方投入、政府为主、公办为主、多元办学"的模式。对于原凡自然移交的小学，改由政府进行管理，并且建设投入和办学经费全部由区政府财务资金承担，减轻了原村集体的经济负担，还提升了办学水平与质量。承载了社会诸多期望和关注的教育领域，近年来一直在大力推进改革创新。2015 年深圳在不断突破"瓶颈"，推进办学体制改革，通过引导、鼓励、支持社会力量办学；简政放权，推进教育领域综合改革，加强现代学校制度建设；创新模式，积极探索委托管理、名校"孵化"、集团办学、混合所有制办学、基金办学等多样化、特色化办学体系，构建新型开放式城市教育体系。创新型公立学校，实行校长负责制；创新管理方式，赋予更多自主权；教师校长职称改革，让人才流动更顺畅；开创路径，带公共财政进民办学校。[②] 2016 年 7 月，深圳市宝安区教育科学研究培训中心自改名深圳市宝安区教育科学研究院以来，以改革教育管理体制为契机，积极深化教育管理体制改革，提高职业教育水平、科学化水平。

[①] 徐恬、余励斯：《2017 年深圳新增就业预计超过 10 万人　就业形势保持稳定》，《深圳商报》2017 年 11 月 29 日。

[②] 夏文格、陈熊海：《办学体制改革"深圳模式"频现》，《南方都市报》2016 年 3 月 30 日。

具体在厘清思路的发展，努力提高质量、加强艺术教育，提高学生的整体素质、科研创新引领，推动教育改革等方面取得了良好的效果，正努力从国际的角度走向一流的区域教学科研教育智库。

五　基础设施建设与管理的体制改革

深圳市自2004年由农转为城的转型升级，积极探索建立开放型经济，努力寻求发展机会，全面规范基础设施建设与管理，借鉴国际上的一些通行规则，于2001年重新修订了《深圳经济特区建设工程施工招标投标条例》，于2004年出台了《关于进一步加强建设工程施工招标投标管理的若干规定》，加强基础设施的建设与管理。随着深圳市的不断发展，呈现的问题也越来越多，尤其是基础设施与管理，使社区居民的负担越来越重，为进一步加强管理体制的改革，2016年深圳市出台《深圳市基层管理体制改革指导意见》（以下简称《意见》），减轻社区的负担，首先明确，按照特区一体化、城市现代化和管理精细化的要求，结合行政资源承受能力等因素，对原特区外常住人口多、管辖面积大、管理任务重的街道适当进行区划调整；调整后，原特区外增加14个街道，且明晰了街道与区、社区职责定位，实现功能错位互补；错位配置区、街道、社区工作职责，原则上一类事项由一个层级主要承担，避免职能交叉重叠和工作推诿。其次，《意见》提出，要完善基层治理体系，努力形成工作合力。再次，根据《意见》，要结合"织网工程"的深入推进，加强互联网政务信息数据服务平台和便民服务平台建设。① 最后，为进一步推动深圳市基础设施建设，深圳市发展和改革委员会印发《深圳城市基础设施建设五年行动计划（2016—2020年）》的通知，"十三五"期间，深圳市进一步加快推进综合交通、资源保障、生态环境、公共安全及空间拓展共362个基础设施项目建设，项目总投资约14267亿元，计划五年完成投资约7230亿元。五年行动计划规定强化深圳远洋集装箱枢纽港地位，加快建设深圳国际航空枢纽，加快高速铁路、城际轨道、高速公路等战略性通道建设，建成具有强大集

---

① 袁俪芸、王星：《深圳市基层管理体制改革指导意见》，《深圳特区报》2016年4月19日。

六 居委会管理体制改革

自2005年深圳实施居委会、社区工作站、社区股份合作公司分设以来，有关社区工作站留与撤的争论从未停止。其间，社区工作站行政化、居委会边缘化及党组织弱化的"三化"现象也一度备受各界关注。在此宏观语境下，龙华片区社区工作站的"瘦身"及居委会的增设，无形中被视为基层管理体制改革的新一轮风潮。2005年年初，深圳正式启动以"居站（企）分设"为主要标志的基层社区管理体制改革，并成为全国学习的范本。在先行试点的原龙华办事处，2014年通过实行社区股份合作公司董事长与社区综合党委书记分设，强化了社区综合党委在社区内各项工作和事业的领导核心地位。

2016年10月初，经彼时的龙华新区批准，龙华办事处对辖区景龙、华联、清湖、油松、松和五个社区工作站管辖范围进行了调整分设，新设玉翠、清华、富康三个社区工作站。在保持社区机构编制不变的情况下，龙华办事处社区工作站数量从此前的7个增加至10个，平均每个社区工作站所管理服务的人口数量，从此前的10万人降至7万人左右。2017年大浪街道办也将跟进龙华的脚步，新设两个社区工作站、一个居委会，调整部分工作站和居委会管辖范围。[2]

七 经济组织管理体制改革

原深圳市的农村经济组织主要是农村股份合作社，现需要按照公司法的相关要求，改革成股份合作公司，其主要的改革体现在以下几个方面：

（一）资产核查与评估

主要是通过合法的资质评估机构，对原村、组等集体组织所有的资产进行全面的清理核实，理清债权债务。对村级集体资产所有权进行核

---

[1] https://wenku.baidu.com/view/a7726dd24b35eefdc9d3339e.html。
[2] 王晓易：《社区管理体制改革按下重启键》，《南方日报》2017年2月28日。

准、界定，理顺相应的产权关系，将村、组级资产、债权、债务全部纳入新设立的股份制公司。对土地、厂房等建筑物，合法的用地则可进行评估，不合法的则只评估土地上的建筑物，资产评估费用由区、镇、村三级共同承担。

（二）设置股权分类与支配方式

根据资产评估的结果，以所有经营性净资产作为总股本，设立集体股与个人股，集体股份归全体股东所有，其收益主要用于公共事业、基础福利和扩大再生产等开支，且该项支出在分配前提取。此外，社区居委会在村级股份合作公司中占有股份，具体比例由区级政府确定。

（三）界定个人股权

界定个人股，主要依据股份合作制章程与公司法的相关规定，本着尊重历史与现实的原则进行。原村民小组的个人股权的界定，按城市化时所在村的分配人口，一次性配置到个人，并固化股权，股权可转让、继承和赠予。

（四）股份合作公司的管理

为推进股份合作公司改革，2013年9月4日，深圳出台了《关于推进股份合作公司试点改革的指导意见》，同年10月，深圳股份合作公司试点改革工作正式启动，一场针对股份合作公司的改革在深圳悄然进行。全市65家股份合作公司参与试点，改革采取"积极试点、分步推进"的方式，以建立现代企业制度、建设和谐社区为长远目标。在全市统筹改革推动下，深圳各区都出台了自己的政策，如股份合作公司数量最多的宝安区出台《宝安区股份合作公司试点改革实施方案》，全区8家股份合作公司纳入试点，并制订"一企一策"的"量体裁衣"改革方案。不少股份合作公司根据自身情况发展社区适合的产业，目前，怀德社区、凤凰社区、共乐社区等都取得了程度不同的突破。怀德社区位于福永街道核心地带，自近年改革转型以来，多元化、集团化的发展方向带动怀德社区集体经济发生质的变化。该公司相关负责人表示，预计到2017年，怀德股份合作公司集体总资产将比2013年翻两番，达到65亿元。如今，改革进程越来越深入。如针对股份合作公司"三资"（资金、资产、资源）容易成为腐败多发领域，深圳加快股份合作公司集体资产交易平台、集体资产监管平台、财务在线实时监控平台、出国境证照管理平台"四个平台"建设工作。[①]

以上七大改革的完成,为深圳市农村户籍与城市户籍的并轨提供了坚实的先决条件。

第三节　深圳市城乡户籍统一的经验与思考

自 2004 年深圳成为无农村、无农民的城市以来,宝安与龙岗两区 24.7 万原村民全部办理了"农转非"手续,13.6 万应参加基本养老保险人员全部参保,3.8 万达到退休年龄的原村民全部实现按月领取养老金。实现了城市化人员基本养老参保率与退休金发放率各 100%,对原村集体经济组织依法完成了股份制改造并进行了工商登记,将绝大部分市政公共基础设施移交给区级政府,改组村委会为街道办及居委会管理。

深圳市第二轮的以土地转换为核心内容的农村城市化管理体制改革,将所有的农用地转换为非农用地和城市用地,同时将 20 多万农业人口转换为城市人口,理顺了城市管理体制,增强了土地规划、管理与开发效率,促进深圳市城市的整体建设与发展。同时,在全国的农村城市化改革中也具有示范效应。总体来说,在深圳市雄厚的经济基础与强大财力支撑下,深圳市龙岗、宝安两区的农村城市化改革是顺利与成功的,两区的经济继续保持了稳定、快速的增长势头,深圳因此成为中国第一个没有农村的城市。

深圳市的农村城市化改革虽然进展顺利,其中部分经验值得总结与推广,但不可否认的是,因为深圳自身政府管理体制、经济、人口性质的特殊性,部分改革的经验在深圳是成功的,并不宜推广,并且尚有一些不足之处值得总结、部分改革与思考。

一　土地制度

深圳的土地制度变革,始终处于全国先锋的位置。在特区建立早

[①] 袁俪芸、王星:《深圳市股份合作公司主动改革见成效》,《深圳特区报》2016 年 4 月 25 日。

期，深圳就顶住压力，允许外商有偿使用土地，而且一租就是50年。1987年，深圳首次公开拍卖土地使用权，推动了我国土地有偿使用制度的改革，产生了深远的影响，甚至推动了宪法的修订。1992年，深圳实施"统征"，率先在关内实现土地全部国有化和农民市民化。深圳市第二轮的以土地转换为核心内容的农村城市化管理体制改革，将所有的农用地转换为非农用地和城市用地，同时将20多万农业人口转换为城市人口，理顺了城市管理体制，增强了土地规划、管理与开发效率，促进深圳市城市的整体建设与发展。同时，在全国的农村城市化改革中也具有示范效应。总体来说，在深圳市雄厚的经济基础与强大财力的支撑下，深圳市龙岗、宝安两区的农村城市化改革是顺利与成功的，两区的经济继续保持了稳定、快速的增长势头，深圳因此成为中国第一个没有农村的城市。

2004年，深圳又再次实施"统转"，在全域实现土地全部国有化，以及农民市民化，深圳成为全国第一个没有农村建制的城市。这一系列的改革举措，缓解了一直暧昧含混的土地流转和土地产（使用）权问题，保障和促进了劳动力的合法迁徙流动，极大地加快了城市化进程。从历史经验看，弹性灵活的土地制度，是深圳的活力之源。直到2015年之前，都没有出台农村集体土地转让的有关条例，导致农村土地的转让在现实中无法可依，因而不能转让。

二 居住管理

深圳的"积分入户"政策自2012年开始实施，除"特色人才引进"等特殊情况外，是外来人员获得深圳户口的唯一途径，而今天实施的《深圳居住证管理条例》，则为想申请深圳户口的市民打开了另外一条通道。条例中明确规定，申领特区居住证的，应当同时符合"合法稳定居所"和"合法稳定职业"两个条件，即在深圳居住登记连续满12个月和参加社保连续满12个月，才可以申领深圳居住证。新居住证的功能和用途很多，如持证人可以凭居住证在深圳申办港澳通行证、机动车驾驶证、申请计划生育基本服务、申请职业技能培训补贴、申请基本殡葬服务补贴、申请婚前体检及基本公共医疗服务等，而最具吸引力的仍然是它的入户功能：在满足一定居住年限、就业年限、社保参保年限等条件后，持证人可申请转为深圳市户籍居民。

自 2015 年 6 月 1 日起，《深圳经济特区居住证条例》正式实施。根据条例规定：为非深户籍人员提供居所的申报义务人（包括单位或个人），要依法主动申报非深户籍人员居住登记信息；非深户籍人员符合在深圳居住登记连续满 12 个月并且参加社保连续满 12 个月（或两年内满 18 个月）条件的，可以申领《深圳经济特区居住证》。自《深圳市居民登记和居住证办理规定》2016 年 11 月 1 日实施以来，2005 年和 2015 年制定的规定废止。[①]

三 公共服务

"中国城市服务经济指数 2010" 的排名，前八位与 2009 年完全一致，深圳继 2009 年取代北京拔得头筹后，2010 年仍然位居榜首。[②] 这说明深圳拥有优质高效的政府服务体系，高度发达的信息资讯，为经济发展和人民生活提供了良好的环境。在政府管理方面，深圳市政府按照建设法治政府、责任政府、阳光政府的要求，不断加强和改进自身建设，致力于为城市经济发展、社会进步和市民福利创造公平、透明、宽松的环境，提供优质的公共产品和服务。知识产权保护方面，深圳将知识产权战略作为城市发展的主导战略之一。按照有关法律法规、国际知识产权条约及国际惯例，对国内外权利人予以平等或对等保护，优化投资环境、维护市场秩序。2008 年，全市知识产权行政执法案件年执行率为 97.1%，比上年提高 0.8%。大众传媒方面，深圳传播媒体高度发达，广播电视人口覆盖率达 100%。公开发行报纸 14 家，综合性图书出版社 2 家，音像出版单位 3 家，内地及香港新闻媒体驻深记者站 88 家，公开发行期刊 38 家，以企业报刊为主的连续性内部资料 201 种。市民可以非常方便地通过平面媒体、电子媒体和网络媒体获取各类信息。ShenzhenDaily（英文《深圳日报》）于 1997 年开办，是中国华南地区唯一的英文版日报，便于外国朋友认识深圳、了解深圳，以及政府网

---

① http://bsy.sz.bendibao.com/bsyDetail/617096.html.
② http://news.ifeng.com/mainland/detail_2010_12/29/3762134_0.shtml.

站和新闻网的开通等。① 为切实加强深圳市公共服务的建设，更好地服务群众，2017年政府印发《深圳市市级公共服务事项通用目录》（2017年版）的通知，主要服务于企事业、组织等部门，为"走出去"和"引进来"提供了一条便捷的通道。②

四 权益保障

（一）妇女权益保障

1993年深圳经济特区实施《中华人民共和国妇女权益保障法若干规定》，妇女在合法权益受到侵害时，可以向各级妇女组织或者有关部门投诉，或者依法向人民法院提起诉讼。从特区外选调人员时，应当坚持男女平等原则，不得对妇女提高标准或者附加条件。女职工有权接受业余教育和培训，机关、社会团体、企业事业单位应当有计划地对女职工进行职业教育和技术培训，提高女职工文化和业务素质。禁止招用未满16周岁的女童工。各单位应当严格遵守有关法律、法规的规定，对在经期、孕期、产期、哺乳期的女职工进行特殊保护等。

（二）残疾人权益保障

2008年修订的《中华人民共和国残疾人保障法》对残疾人保障相关制度作出了许多新规定。具体通过调整残疾人就业保障金的征缴基数、适当扩大残疾人就业保障金的适用范围、加强对民办残疾人服务机构的扶持等，切实保障残疾人的合法权益。2017年深圳宣称：联动查处违法欠薪，维护包括残疾人在内的各类劳动者的合法权益。

（三）企业劳动用工三级预警机制

人力资源局印发了《关于建立企业劳动用工档案制度的工作意见》和《关于建立企业负责人约谈制度的工作意见》，在劳动用工档案分类过程中，根据企业情况分为"红、黄、绿"三级预警监控。拖欠工资3个月以上、企业出现集体争议、群体诉求且涉及人数50人以上等企业，为红色预警企业。对于红色预警企业，该局及时约谈企业负责人，告知其切实履行社会责任，如刻意转移资产或拖欠员工工资可能会涉及犯

---

① https://news.qq.com/a/20100804/001584.htm。
② http://www.sz.gov.cn/cn/xxgk/zfxxgj/tzgg/201712/t20171208_10193803.htm。

罪，要承担相应的法律责任，把劳资纠纷化解在萌芽状态。为保障深圳经济特区员工的合法权益，维护社会稳定，促进社会和谐，深圳市制定了《深圳经济特区欠薪保障条例》，对欠薪逃匿行为，由深圳市欠薪保障基金垫付，垫付不包括不逃不匿欠薪行为。[①]

---

① 朱紫阳、陈羽：《联动查处违法欠薪 维护劳动者合法权益》，《检察日报》2017年12月12日。

第六章　深圳市户籍制度改革继续深化的环境分析

"十二五"期间,深圳坚持人口与经济社会统筹发展,着力改善民生和创新社会管理,完善基本公共服务体系和提升基本公共服务水平,努力满足人民群众的新要求和新期待,初步建成了民生幸福城市。"十三五"时期是深圳积极践行"三个定位、两个率先"、争当"四个全面"排头兵的重要时期,也是构建更高水平深圳质量的关键时期,深圳必须深化户籍制度改革,持续创新人口服务管理,加快推动人口红利由数量型向质量型转换,必须大力推进社会事业各个领域和环节的改革发展,稳步推进基本公共服务均等化,加快提升社会事业发展水平和质量,努力建成更高质量的民生幸福城市。

第一节　深圳市"十三五"发展规划与人口战略

深圳市"十三五"规划《建议》定格为"五大目标、十大战略路径、十项重点任务"。五大目标,就是要努力建成更具改革开放引领作用的经济特区;努力建成更高水平的国家自主创新示范区;努力建成更具辐射力、带动力的全国经济中心城市;努力建成更具竞争力、影响力的国际化城市;努力建成更高质量的民生幸福城市。十大战略路径,就是要突出创新驱动,汇聚高端发展动能;突出质量引领,构建出全面发展新优势;突出互联融合,抢占信息经济发展制高点;突出市场导向,释放全面改革红利;突出协调均衡,提升城市发展质量;突出文化强市,增强城市软实力;突出绿色低碳,提高可持续发展能力;突出开放共赢，打造"一带一路"倡议枢纽；突出依法治市，营造公平正义法制环境。十项重点任务，就是要建成全国经济中心城市、现代化城市、民生幸福城市、一流法治城市、国家化城市、创新型城市、智慧城市、生态文明城市、社会主义文化城市、全面深化改革先锋城市。

一 人均可支配收入大幅提升的效应与效果分析

2017年深圳居民人均可支配收入52938.00元，比上年名义增长8.7%。其中工资性收入43906.08元，增幅7.9%，消费支出中，居住支出为11780.22元，较之2016年增长17.7%。

（一）人均可支配收入的提升效应

人均可支配收入的大幅提升，政府可以通过降低个税、提升最低工资标准、指导企业加薪等途径来实现。对低收入人群而言，现行的个人所得税制对其个人收入的影响很小，个人薪资收入的大幅提升，才是实现这一目标的最有效途径。可以预见的是，深圳市近五年将会稳步上调最低工资标准，促进人均可支配收入的稳步提升。

（二）最低工资标准上调的效应

最低工资标准的上调将会产生如下效应：①对低端劳动密集型的低利润企业产生挤出效应。最低工资不断上升，将不断挤压这些企业的利润空间，他们可能会基于生存考虑将工厂迁往最低工资标准相对较低的地区，这将会转移一部分低端劳动力人口。②促进现有产业更新换代。由于人工成本上涨，将促进企业通过推动生产设备改造与自动化升级，减少人工使用，从而促进产业的更新换代。③人口置换加速。由于低端劳动力外流，而产业的升级与深圳高新技术产业的进一步发展，高层次人才需求量进一步加大，同时深圳较高的消费水平已经形成了对低端劳动力的挤出效应，高端人才流入与低端劳动力流出双向加速，将促进人口置换战略加速。

二 经济结构战略性调整与构建创新型人才环境分析

（一）打造智慧之城

深圳"十二五"规划要求制订互联网、新能源、生物、新材料、文化创意等战略性新兴产业振兴规划，推进三网融合，深圳将大力发展物联网和云计算,率先建设"无限城市",打造"智慧深圳";深圳"十三五"规划要求深入落实"中国制造2025""互联网+"行动计划和国家大数据战略,建设互联互通的基础设施,培育跨界融合的产业生态,构建交流共享的服务平台,拓展安全有序的网络空间,推进信息产业化、产业智能化、城市智慧化,率先构建信息生产力,获取信息红利,抢占信息经济发展制高点,打造具有国际先进水平的智慧之城。

(二)打造国家核心技术创新的先锋城市

深圳将推动新一代移动通信、下一代互联网核心设备和智能终端的研发及产业化,力争在高性能集成电路、新型显示、高端软件、高端服务器等核心基础产业领域实现新突破。与此同时,深圳还将建设国家新能源产业基地和全球重要生物产业基地,并重点发展复合、纳米、智能等共性基础材料产业。在发展战略性新兴产业领域,深圳希望抢占新兴产业发展制高点,需要在人才结构方面作出进一步调整与改变。未来5年,深圳将力争在新一代信息技术、互联网、基因工程、干细胞、新能源、新材料、新能源汽车、节能环保等领域取得一批自主知识产权和技术标准,成为国家核心技术创新的先锋城市。

(三)优化教育与创新环境

要成为创新型城市,就需要构建综合的、完备的培养创新型人才体系与机制,在这个体系中,需要深圳市在教育环境、创业环境构建方面着力:

(1)加大教育投入,营造有利于创新型人才生成的教育环境。深圳市现行的教育资源是以户籍人口配置的,而大量的非户籍常住人口期待教育资源均等化配置,这需要深圳市进一步加大教育资源投入,更新教育理念,改革教学方法,构建创新教育评价制度和终身教育体系,促进覆盖全部常住人口的在职培训、成人教育、远程教育、社区教育,加快建立网络化、开放式、自主性的终身教育体系。

(2)营造有利于创新型人才成长的创业环境。优良的创业环境是稳定、留住、吸引人才,发挥人才创新才能的基本保障。这需要深圳市依托人才培养计划、重大科研和工程项目、重大产业攻关项目、国际学术交流合作项目,加快现有高校各层次重点学科、重点研究基地、实验中心、工程中心、高科技园区和留学生园区的建设;构建完备的人才创业平台，同时也需要构建科学的人才管理与竞争机制，最大限度地开发人才潜在的创新力。

三 构建民生幸福城市更需要户籍制度的改革

在民生领域，《建议》特别提出，要加快推进卫生教育事业改革发展，扩大基本公共卫生服务项目，加大医疗卫生投入，健全基本医疗保障体系；深圳市现有医疗体系基本覆盖了所有常住人口，已经不再区分户籍与非户籍人口。同时，深圳将完善社区管理、推进社会管理创新，完善矛盾纠纷排查化解机制，积极预防和有效化解矛盾和纠纷。并做好畅通和规范群众诉求表达、利益协调、权益保障渠道，深入开展矛盾纠纷排查调解，进一步完善三级信访工作网络平台建设，力争把各种不稳定因素化解在基层和萌芽状态。这些改善民生的措施均是以覆盖全体常住人口为服务对象，这需要继续突破现有户籍制度，深化改革，淡化户籍概念，完善人口管理与服务职能。

深圳市人口与社会事业发展"十三五"规划提出要扩大户籍人口规模。深化户籍制度改革，继续实施积极宽松的户籍迁入政策，实现户籍人口有质量的稳定增长。优化人才引进迁户政策执行方式，确保人才顺畅入户。促进有能力在城镇稳定就业和生活的常住人口有序实现市民化，增辟居住社保入户渠道，以在深参加养老保险年限和拥有合法产权住房年限（含租赁）为基本指标建立新的积分入户制度，将符合条件的长期在深工作和居住的存量人口有序转为户籍人口。分类优化调整夫妻投靠、老人投靠等政策性迁户条件。到 2020 年，全市在册户籍人口力争达到 550 万人。

四 深圳市发展创新与环境承载力分析

深圳市计划在 2020 年将常住人口控制在 1100 万人，根据"十三五"规划，到 2020 年深圳市常住人口发展目标将达到 1480 万人。国务院于 2018 年 2 月 13 日对广东省人民政府和科技部《关于深圳市创建国家可持续发展议程创新示范区的请示》（粤府〔2018〕3 号）作出批复，同意深圳市以创新引领超大型城市可持续发展为主题，建设国家可持续发展议程创新示范区。文件要求，深圳市建设国家可持续发展议程创新示范区,要深入贯彻党的十九大精神,以习近平新时代中国特色社会主义思想为指导,坚持新发展理念,统筹推进"五位一体"总体布局,协调推进"四个全面"战略布局,紧紧围绕联合国2030年可持续发展议程和《中国落实2030年可持续发展议程国别方案》,按照《中国落实2030年可持续发展议程创新示范区建设方案》要求,重点针对资源环境承载力和社会治理支撑力相对不足等问题,集成应用污水处理、废弃物综合利用、生态修复、人工智能等技术,实施资源高效利用、生态环境治理、健康深圳建设和社会治理现代化等工程,统筹各类创新资源,深化体制机制改革,探索适用技术路线和系统解决方案,形成可操作、可复制、可推广的有效模式,对超大型城市可持续发展发挥示范效应,为落实2030年可持续发展议程提供实践经验。同时,还要创建生态文明示范城市,这需要深圳以高标准推进特区一体化发展,加快实现特区法规政策、规划布局、基础设施、城市管理、环境保护、基本公共服务"六个一体化"。

此外,深圳将着力打造"公园之城"与"滨海宜居城市"。加强生态建设、加大城市绿化工作力度,推进森林公园、郊野公园、市政公园和社区公园建设。同时加快建设区域绿道、城市绿道和社区绿道,形成结构合理、功能完善、惠及民生的绿道网络体系。但是,深圳受制于土地空间限制、能源和水资源短缺、人口膨胀压力、环境承载力"四大难以为继"的"瓶颈"性制约,人口承载的上限为1100万人左右,要实现生态文明城市的目标,这将迫使深圳加快转变经济发展方式,突破增长极限,控制人口增长,加强生态环境规划、建设与管理。

"十三五"时期是国际国内环境与发展面临深刻变革、环境与发展关系重塑重构的重要时期,是重大机遇和严峻挑战并存的战略转型期。深圳是经济大市、产业大市、人口大市,同时也是空间小市、资源小市、环境容量小市。生态资源是深圳长远发展的基础资源,生态环境是深圳竞争力的关键因素,生态质量是深圳质量的重要内容。但是深圳的资源和环境压力依然沉重,经济发展与环境容量的矛盾加大,城市建设与生态保护的冲突加大,污染减排和环境改善的难度加大。在新时期争取"不欠新账"还要"多还旧账"这一目标的压力依然较为沉重。

第二节 深圳市城市环境对人口的承载力

根据深圳市《关于深圳市资源环境承载力问题》课题组研究成果，2008年深圳生态环境处在第3级，属于中等质量水平；可持续承载度为0.38，属于"橙色"警戒状态，即高度超载，处于不可持续发展的轨迹上。2010年深圳市实际管理和服务的人口总量超过1400万人，人口密度全国排第一名。2018年深圳户籍人口有367万，常住人口（含户籍人口）1077万，管理人口2000万。土地空间限制、能源和水资源短缺、人口膨胀压力、环境承载力"四大难以为继"的"瓶颈"性制约，将促进深圳加快转变经济发展方式、突破增长极限。

一 深圳市土地资源承载力严重"超载"

据统计，在自然限制和生态环境约束下，仅有142平方千米的新增建设用地扩张潜力。而根据已经国务院批复的《深圳市土地利用总体规划大纲》，2020年建设用地规模不能突破976平方千米。而2008年深圳市建设用地917平方千米，占陆域面积的46%，建设用地比例全国最高。建市以来，深圳市年均建设用地增长超过30平方千米。据调查，未来陆域地表生态控制线外新增建设用地极限潜力约142平方千米，如果以往年年均十几平方千米的速度消耗，在10年内即可消耗殆尽。按照计划，今后10年内，建设用地面积仅可净增长59平方千米，年均仅4平方千米。

二 深圳市海洋资源承载力严重"超载"

海洋产业在世界经济中的比重，1970年占2%，1990年占5%，目前已达到10%左右，预计到2050年，将上升到20%，主要增长领域集中在海洋石油和天然气、海洋生物、海洋电子信息、海洋休闲娱乐、海洋服务和海洋新能源等。深圳市1998—2008年的海洋生态赤字总体呈上升趋势，1998年全市的海洋生态赤字相当于17个深圳海域，2008年扩大至37个深圳海域，即需要增至37个现有海域的面积方能满足深圳的海洋生态需求。在2008年进行的深圳市陆源入海排污口监测中，16

个入海排污口中有 10 个排污口的污染物排放超标，超标率达 62.5%。部分海域出现重金属严重超标现象。按国家海水三类水质标准计算，深圳西部部分海域的海水超标率少则几十倍，多则上千倍。

三 深圳市交通承载力严重"超载"

2010—2015 年，深圳市机动车总量增加了 60 万辆，同期道路平均车速下降了 35%，城市交通处于红色预警状态。截至 2016 年年底，深圳机动车保有量达 3225879 辆，与 2015 年相比，全年净增 32381 辆（减去注销和迁出量），增长 1.01%。根据公安部交管局统计，截至 2016 年年底，全国机动车保有量达 2.9 亿辆，其中汽车 1.94 亿辆。全国有 49 个城市的汽车保有量超过百万辆，18 个城市超 200 万辆，6 个城市超 300 万辆。深圳机动车保有量位列全国第五名。

根据深圳市交委组织开展的深圳市互联网租赁自行车总量规模初步评估，目前，深圳互联网租赁自行车企业投放的活跃车辆规模约 75 万辆，与深圳的车辆周转率最大水平时投放规模相当，且位于现状建成自行车道及停放空间承载力范围内。但是，在互联网租赁自行车发展初期，企业大规模、快速投放车辆，后期运维管理水平难以跟上，导致现在仍存在大量未能提供服务的损坏车、"僵尸车"，已经超过了深圳公共设施资源的承载能力。

截至 2017 年年底，深圳建成自行车道总里程约 1156 千米，自行车道空间承载力约为 80 万辆；根据《深圳市自行车停放区（路侧带）设置指引（试行）》规范，对深圳已建成的 8499 个自行车停放区，以及轨道站周边等其他可承载的停放空间进行综合评估，深圳的停车空间承载力约为 43 万辆。高速的城市化与产业化使深圳的资源环境承载力已濒临增长的极限。能否寻求有效的途径和方法实现科学配置生态环境资源，可持续利用生态环境资源，这将在很大程度上影响、支配和决定深圳市的发展前景。如果按机动车年均增长 10% 计算，3 年后路网承载水平将可能处于红色预警状态，城市交通将由局部拥堵变为全面拥堵。

在管理上，深圳遵循政府鼓励、引导、规范与企业市场化运作的原则，坚持政府、企业、社会共管共治的发展思路。从完善配套政策和标准、创新管理机制、提升自行车通行环境等方面进行了积极探索，初步建立了齐抓共管、行业自律的管理体系。目前属于政策过渡时期，市交委希望社会、政府和企业能够"共管共治"，坚持包容审慎的态度。深圳已在全国率先开展了立法听证工作，将加快推进共享单车管理方面的法律法规建设，希望未来能通过法律来进行监督和管理，并不断完善行业共管共治机制。

因此，要适应城市建设和经济发展需要，满足居民出行需求，必须保持道路建设的持续性投入、改善城市交通结构、加快研究和实施交通需求管理、适当控制机动车的过快增长、通过多种方式增加停车供给等，改善交通出行环境。

四 深圳市极限就业承载力

课题组调查发现，深圳市第三产业人员增长潜力最大。尽管深圳市第二产业就业人数占总数的比重大，但增加趋势低于第三产业。其中，增加较快的是房地产业、社会服务业。根据深圳市工业增加值、GDP、第三产业增加值等指标综合分析得出深圳市极限就业承载力为986万人。

五 深圳市人均水资源严重缺乏

深圳是一个水又多又少的城市。从降雨方面来说，地处华南沿海的深圳，多年平均降雨量1830毫米，可以说是相当丰沛。可惜的是，深圳境内并没有大江大河流过，也没有大型湖泊。这样综合算下来，深圳多年平均水资源总量20.51亿立方米。水资源总量除以千万级别的总人口，那么深圳人均水资源量就不足200立方米了，这仅为广东省的1/10，全国的1/11，远低于国际上人均500立方米的严重缺水临界值。

深圳是一个严重缺水的城市，七成的用水需要外调。此次调研对深圳市水资源承载力的"摸底"显示，全市多年平均水资源总量为21.82亿立方米。按2008年用水人口计算，人均水资源量约为156立方米，按国际500立方米/人的水紧缺指标对比，深圳为严重缺水城市。2017年总降雨量为1852.39毫米，水资源总量为19.58亿立方米，当年年末常住人口1245.27万人，人均水资源占有量为157.24立方米。

虽然拥有东江和东深两大境外引水工程稳定供水、本地大型水库也在2017年左右启用，但是长远来看，深圳用水并不能高枕无忧。据水务部门的统计，深圳用水总量一直在以微小幅度增长，逐步接近省政府分配给深圳市的用水总量指标"红线"。2014 年，全市用水量达到 19.34 亿立方米。根据预测，2020 年深圳市用水量为 23 亿立方米，远期将达到 30 亿立方米，即使充分考虑再生水、雨水、海水等非常规水资源利用情况后，依旧存在 2 亿立方米和 9 亿立方米的缺口。

要提高城市水资源承载力，必须扩展水源范围，另辟可能的境外水源途径。因此，探索东江之外的引水工程、进一步优化产业结构、高效保护水资源、加快建设海绵城市以及大力推进节水工作等手段，对缺水的深圳而言必不可少。

第三节 深圳市人口管理对现行户籍制度的挑战

深圳市的人口问题，特别是由外来人口激增所引发的各种问题，一直考验着深圳市政府的智慧，对外来人口问题的调控、管理与服务问题，是涉及深圳市和谐、稳定发展的大问题。与中国其他城市相比，深圳市的人口管理与发展对现行的户籍问题提出了以下挑战：

一 稳定现有常住人口问题

中国中西部经济步入了"快车道"，对农村剩余劳动力的需求量逐步加大，深圳市外来人口的增长速度开始逐步减缓甚至在最近出现负增长，深圳自 2006 年开始上演的"用工荒"，2007 年与 2008 年连续两年出现常住非户籍人口负增长，外来人口的净流入持续减少甚至随时出现净流出的可能，而深圳市现有以劳动密集型为主的经济增长方式转变与产业结构调整尚未完成，在"十二五"的前期，深圳市经济发展对人口规模的依赖性还强烈存在，而非户籍人口的高流动性以及深圳市尚没有足够的教育、住房等硬件资源容纳如此众多的户籍人口，如何稳定现有常住人口以应对西部崛起对农村劳动力人口的激烈争夺，是深圳市政府现在面临的重大课题。

近年来，人口持续净流入，成为深圳近年来的一个显著特征。根据深圳统计局最新的数据显示，2017 年全市年末常住人口 1252.83 万人。2017 年，深圳的常住人口增量达到 62 万，是近年来的峰值。一个重要的背景是，2016年深圳的户籍人口比重仅有34%。在"补课"需求的推动下，深圳正在大力度吸引学历型、技能型人才，降低人才的落户门槛。而2017年的一个新变化是，通过积分入户的形式，给长期在深圳稳定就业和居住的非学历型、技能型常住人口开辟了另一条入户通道。在一线城市严控人口的背景下，深圳常住人口却迎来了持续的高速增长。事实上，深圳也曾明确提出，严格控制城市整体人口规模，优化人口户籍结构和素质结构，到2020年，全市人口发展预期目标为1480万人。

二 城市户籍对农村人口吸引力持续下降问题

2010年9月，重庆拟将该市95%以上的农村户籍的高校学生转为城镇户籍，部分高校为了完成任务采取强硬手段，要挟学生不转户口将被扣学分、取消奖学金、取消入党资格或扣发毕业证等，引发学生抗议与外界热议。同年在浙江，也出现有一些过去已"农转非"的人又设法重新把户籍"非转农"，而且代价不菲。因为土地的潜在升值行为，让农民充分认识到依附在农村户籍上的潜在价值，根据中国社科院专家张翼在2010年对农民工的大型调查显示，八成农民工不愿放弃承包地转为非农户口。拥有深圳市户籍曾是绝大多数外来务工人口心中梦寐以求的目标。然而，经过理性分析发现，现在的深圳市对于外来人口而言，物价高企，生活成本居高不下，并非他们的理想栖身之地。

深圳市的房价已经于2010年起连续6个月均价超过2万元，而深圳市居民2009年的人均可支配收入为29245元，按深圳市2009年的房价14858元计算，7年间人均可支配收入上升了12.76%，房价却上升了1.62倍，而深圳市规划国土委最新数据显示，2018年上半年深圳市新建商品住宅销售均价高达58386元/平方米。而由于中西部经济崛起，在本地打工与深圳的收入差异并不明显，深圳对外来人口的吸引力在下降。同时，近十年来，国家政策持续向农村倾斜，农民收入持续增长、土地对生活的保障价值被绝大多数农民充分认识与接受，同时农村户籍医疗、教育、养老等福利政策持续向城市户籍看齐，很多外来人口并不愿意将自己的户籍迁往深圳。放弃农村户籍意味着放弃土地承包权，还有深圳高企的房价，高昂的生活消费支出，让农村外来人口理性选择不愿放弃农村户籍身份,深圳市户籍对农村外来务工者的吸引力下降,而农村户籍的含金量在上升,迫使深圳市不得不对常住人员的户籍转换进行长远规划与理性思考。

三 户籍管理与有限教育资源问题

深圳市是全球成长最快、规模最大的移民城市之一,同时也是最年轻、人口增长最快的城市。根据《深圳市统计年鉴》的数据,2009年年末拥有常住人口891.23万人,15—59岁劳动适龄人口占89.95%,而其中20—39岁人口占总人口的64.50%,2013年深圳15—59岁的劳动适龄人口占86.1%。这些人口正处于婚育年龄,因此正经历人口出生的高峰期,同时对教育资源的需求呈现膨胀式增长,深圳市的教育资源需求缺口巨大。因此,深圳市在分配教育资源时,优先保障的是户籍人口与有住房的人口,同时每年都在大力控制户籍迁入人数,力求教育资源的建设能够在财力控制范围内逐步解决。学位资源紧张使大量常住人口的子女不能顺利入学而不得不选择回老家上学,而不少常住人口基于子女家庭教育的考虑可能会选择同子女一起回原籍,教育资源的紧张将加剧现有常住人口的不稳定性。同时,城市户籍对农村人口吸引力持续下降,超过七成的人口迁户原因是基于子女上学的压力。深圳市教育资源的有限性对非户籍常住人口产生"挤出效应"。

四 户籍人口与非户籍人口倒挂问题

深圳作为一个典型的移民城市,非户籍人口和流动人口的大量涌入与不断流动,一方面为深圳的城市发展提供了充足的劳动力资源,另一方面也对城市的可持续发展提出了新的挑战。深圳市非户籍人口自1987年首次超过户籍人口以来,人口倒挂现象越来越严重。2010年人口普查数据显示,深圳非户籍人口总量接近800万,占常住人口比重高达77.09%。但从年均增长率来看,从2000—2010年11年间,深圳市非户籍人口增加213.73万人,增长36.55%,年平均增长率为3.66%,远远小于户籍人口平均10.47%的增长率。

2016年年末户籍人口户数100.13万户,常住人口1190.84万,而常住户籍人口只有384.52万,占常住人口的32.3%。在以移民国家著称的澳大利亚、加拿大等国家，移民只占总人口的20%左右。在上海、广州、北京等地，外来人口也只占20%—30%，深圳外来人口与户籍人口倒挂，另外，深圳户籍人口家庭规模小、集体户口人数比重大。因为户籍对深圳市外来人口公共福利的屏蔽，同时深圳市以房价为代表的高消费水平，造成了深圳市外来人口对深圳的归属感较低、人员流动性大，构成了"铁打的城市，流水的市民"这一奇特的城市人口特征。

2009年统计数据显示，居住在出租屋的非户籍人口月流动率高达26%[①]，这一特征给深圳市城市公共基础设施建设、公共服务分配、人口的规划与管理带来了诸多不确定因素，不利于市政府为外来人口提供高品质的基础福利与公共服务。

信息采集与更新是非户籍人口管理与服务的重要基础，但在实际工作中，深圳市非户籍人口信息采集工作存在范围广、难度大、落实难等问题，集中表现为登记信息不全和动态更新不及时。非户籍和流动人口的管理是深圳市当前和今后一段时期面临的主要挑战，深圳市需要从城市长远发展的战略高度制定人口管理政策，创新人口服务管理模式。

五 城市战略发展与人口配套转型的问题

深圳市户籍管理制度改革经过40多年的发展，目前仍处于后工业化进程之中，一般加工贸易业仍占据深圳工业经济的重要地位。随着消费水平的上升、人工成本的上涨、人民币持续升值、内地竞争力日渐增强等诸多不利的竞争性因素，建立在对土地资源和廉价劳动力资源巨大耗费基础上的粗放增长模式，受到了可开发土地短缺、教育资源稀缺、能源和劳动力成本上升、产业政策导向转移、国际市场竞争压力增强、高新技术产业快速崛起等诸多因素的挑战，深圳多年来依托的以低技术含量和低附加值为主的传统产品加工贸易产业结构已经难以为继，深圳市进行产业结构转型与调整，才是支撑深圳持续高速、稳定发展的可行出路。

此外，新兴产业的培育、产业的升级、企业转型，都涉及相应的人力资源的配套，深圳市现在沉淀下来的技术人才都是在"十五""十一五"期间跟随着高新技术产业一起成长起来的人才，他们能否适应深

---

① 深圳市统计局：《深圳市统计年鉴（2009）》。

圳市新的产业战略尚未可知。同时，虽然深圳市对引进高级人才方面给予很多的政策优惠，也取得了良好成效，但是深圳市对中低端人才吸引力优势不再，中低端人才的现状是"现有人才留不住、外部人才引不进来"，人才断层与空心化危机初显。

近年来，深圳市坚持质量引领、创新驱动，推动转变经济发展方式取得阶段性成果，经济发展质量和能级不断提升，在全国率先走上了质量型增长、内涵式发展的道路，为实现新常态下有质量的稳定增长奠定了坚实基础。另外，深圳经济社会发展中还存在不少矛盾和问题：经济下行压力比预期大，消费增长动力较弱，外贸进出口形势严峻，新增建设用地不足，吸引大项目投资的难度越来越大；部分企业生产经营面临压力，产品价格下降与要素成本上涨并存，小微企业融资难、融资贵问题没有得到有效缓解，经济发展方式面临着转型升级的较大压力。

六 人口素质两极分化严重对运用户籍进行人口的置换压力[①]

由于深圳经济的先发优势与其他综合吸引力缘故，大批外来人口进入深圳，为深圳发展做出了巨大贡献。深圳大力培育高新技术产业，成效明显，也给深圳市吸引与留住了大量高素质的人才，但以劳动密集型为基本特征的加工贸易业仍然占据了深圳主导地位，同时也聚集了大量文化程度较低的人口。根据2009年《深圳市统计年鉴》的数据，6岁（含6岁）以上人口人均受教育年限为10.81年，具体情况见表6-1。[②]

表6-1　　2009年与2017年深圳市人口学历层次统计对比

受教育程度	2009年		2017年	
	人口数/10万人	比例（%）	人口数/10万人	比例（%）
大专及以上	18109	18.1	24461	24.46
高中	28218	28.2	27264	27.26
初中	44837	44.8	35898	35.90
小学	8323	8.3	12351	12.35

资料来源：深圳市2009年与2017年《人口抽样统计公报》数据。

[①] 王世巍：《深圳市三十年人口发展回顾与思考》，《南方论坛》2010年第3期。
[②] 以上数据根据2010年《深圳统计年鉴》和2010年《中国统计年鉴》数据计算得到。

虽然深圳市拥有大量文化素质较高的人口，人口素质逐年提高，但深圳市现有人口中 470 万初中及以下文化程度人员，深圳市每 10 万人中 6 岁及以上人口中拥有初中和小学教育程度的人口比例也比较高，达到 53.1%。2010—2013 年，在 6 岁及以上人口中，每 10 万人中受过大专以上教育程度人口从 17175 人稳步上升至 24837 人，平均受教育年限从 10.70 年逐渐提升至 10.96 年。人口素质差异过大，是深圳市工业化初级阶段的必然产物，但是在工业高端化升级时，将会成为阻碍产业转型的障碍性因素，因此深圳市运用户籍政策对人口置换和素质提升的巨大压力不言而喻。

七 福利均等化倾向与住房资源紧张问题

调查显示，深圳户籍居民中，70% 拥有自己的住房。根据有关资料显示，深圳市工业区配套的员工宿舍加上深圳市提供的廉租房只能容纳不到 300 万人，大部分外来人口只能住在由原居民自发建设的"城中村"中。深圳市加快了"城中村"改造的步伐，"城中村"的消失，中低端收入者没有经济能力租住商品住房，更没有能力购置商住房，住房保障问题已经开始显现。

在 40 年的快速工业化和城市化过程中，深圳的城市空间和人口不断扩张，陆域资源日益紧缺，城市发展受陆域空间制约不断加剧。深圳全市陆域总面积约为 1996 平方千米，大部分为低山、平缓台地和阶地丘陵，其中建设用地 890 平方千米，约占 44.6%。根据市国土局 2014 年土地变更调查，全市建设用地总量与《广东省土地利用总体规划（2006—2020 年）》下达深圳市 2020 年的建设用地规模比较，仅有 769 公顷新增建设用地空间，部分地区建设用地总量已接近或超过 2020 年规划控制目标数；建设用地利用粗放、效率不高的情况依然存在。2013 年年底，深圳市中心城区建设用地已超出规划 70 公顷，必须实施"减量"。这意味着，深圳市的新增建设用地量在 2015 年之后，会更加稀缺，"存量"甚至"减量"的发展阶段在深圳已经到来。

保障不是福利，两者须区分。实际上，早在 2016 年召开深圳市"两会"期间，就有人大代表曾提出深圳市人才住房隶属保障房体系，但保障房属"救济政策"，而人才房属"激励政策"。两者交集运作，出现诸多弊端：如果按保障面积标准，难以满足人才住房需求；如果以人才住房需求提高保障房标准，则违反了保障房"保基本"的初衷，也存在保障房"福利化"的问题。2018年6月1日，深圳市规划和国土资源委员会发布《深圳市土地整备利益统筹项目管理办法（征求意见稿）》，明文规定共享建筑面积的60%用于人才住房、公共租赁住房或创新型产业用房，由政府或政府指定机构回购，明确了公共住房的来源和指标，为人才政策作了铺垫。

在深圳市《关于完善人才住房措施的若干措施》中，规定"十三五"期间深圳市筹建人才住房和保障性住房40万套，其中人才住房不少于30万套，每年新增住房面积中人才住房应不少于总面积的60%。可以说，为了吸引和留住人才，政府不得不在住房问题上将人才和普通市民划分开来，甚至在一定程度上牺牲了普通市民的利益。

八 人口置换战略与户籍人口性别比失调问题

2009年以来，深圳市常住人口的男女性别比为104∶100，其中户籍人口男女性别比为113.45∶100，非户籍人口性别比基本持平。截至2016年年末，深圳市常住人口1190.84万人，男性常住人口633.63万人，占全市人口的53.21%；女性常住人口557.22万人，占全市人口的46.79%，常住人口性别比为113.71。截至2016年末，深圳市户籍人口为404.78万人，其中男性为206.83万人，女性为197.95万人（占比48.90%），户籍人口性别比为104.48。从近年情况看，深圳市常住人口男女比例从2005年开始突破100，由"男少女多"转向"男多女少"，在2004年以前与中国的国情刚好相反。

表6-2　　　　　　　　2016年深圳市男女比例统计

人口	性别	人口数/万人	比例（%）
常住人口	男性	633.63	53.21
	女性	557.22	46.79
户籍人口	男性	206.83	51.10
	女性	197.95	48.90

深圳市人口置换战略中，优先引进高学历、高技能型人才，在中国高等教育进程中，在2006年以前，中国各个高校在招生时都自行设定了男女比例，"男多女少"现象是中国高等教育的一道特殊风景。直到2006年2月，教育部发布的《2006年普通高等学校招生工作规定》明确规定，高校不得擅自规定男女生录取比例，这种现象才有所缓解，但是在高校招生中"暗箱操作"限制的现象还是普遍存在。从高学历人才产出的源头上，已经人为地制造"男多女少"的社会差异。除此之外，从学校进入社会后，女性青年在个人学力、技能、素质提升的关键时期，因为生育原因，女性不得不面临生育问题而中断至少一年以上学习、锻炼与成长机会，同时还受中国重男轻女的社会传统思想影响，在生理上与社会现实中，男性与女性并不能处于同一公平的竞争环境中，在中国高学历、高技能人才的招生、培养、使用方面，女性处于社会劣势，高素质、高技能人才的男女比例失调得更加严重。同时在招调工的过程中，深圳市在2002年才取消在招调工时"先男后女"的性别歧视，这一举措为深圳市户籍人口中男性比例大幅超过女性做出了"贡献"。

自2017年7月17日起，深圳市正式实施积分入户政策，与以往人才引进等入户方式不同，积分入户无学历要求，对持有深圳居住证并在深圳具有合法稳定就业和住所的人员，根据稳定居住、稳定就业、诚实守法三项类别进行积分，依照分值排序在年度计划额度内审批入户。2017年年度积分入户指标数为1万人。

九 人口置换失效与隐性人口老龄化问题

根据深圳市老龄办在2009年12月的抽样调查数据显示，课题组专家估算2009年深圳市老年人口约42万（2015年年末，深圳市老年人口达120万人），大约占常住人口的4.7%，远低于中国12.5%[①]的平均水平，深圳市常住人口平均年龄一直在29岁左右，现在的老龄化并不严重，甚至是一个很年轻的城市。但是，这并不意味着未来老龄化问题

---

① 来自全国老龄办2010年7月13日在京发布的《2009年度中国老龄事业发展统计公报》资料。

不会困扰深圳；相反，人口的老龄化问题有可能成为深圳市未来面临人口问题的最大挑战。

根据统计数据显示，2009年常住人口中，年龄在20—39岁的人口占据了64.50%，2016年，深圳市18—64岁的常住人口占总人口比重为81.13%，65岁及以上人口占比3.27%。而20年后，这批人口将开始步入老年阶段。而按深圳市卫生和人口计划生育事业发展"十二五"规划，深圳市人口寿命预期平均将达到80岁，那么40年后，这些人口全部步入老年社会，现有人口中64.5%的人口全部进入老龄化社会，将可能面临着全世界最严峻的老龄化问题。在接下来几年内，深圳市可能还会启动人口置换战略，部分老龄化人口会被置换出来，也有部分年轻的低素质人口被置换出来，但让我们不可否认的是，面对这样一个现实：随着中国多极化的经济发展、城市化进程的加速、刘易斯拐点的来临，"用工荒"必将愈演愈烈，作为一个年轻的移民城市，怎样稳定现有人口不外流，同时还能够有效置换现有低素质人口，还要避免未来严峻的人口老龄化问题，这可能是深圳市人口战略中面临的最重大课题。

深圳目前是中国最年轻和最具活力的一线城市，近期面对的主要是外来人口快速增长带来的公共服务压力。但若从更长远的视野来看，深圳的人口增长很难摆脱全国人口增速减缓的整体趋势，同样可能面临人口老龄化的严峻挑战。即使近期深圳仍能保持人口年轻化的总体结构，但应该对于2050年可能抵达的人口峰值有足够的预见，特别是2050年的深圳还可能面对人口红利减少、老龄化和城市老化三重危机叠加的风险。

根据"十三五"规划，到2020年深圳市常住人口发展目标将达到1480万人。深圳市户籍政策在稳定现有高素质高技能常住人口、吸引高素质高技能的外来人口、置换现有低素质人口方面，如何配合深圳市经济发展、产业调整、人口管理与服务等战略措施的稳步推进与改革提出巨大挑战。

第七章 研究结论与后续改革建议

第一节 中国户籍制度改革误区的辨识

户籍问题关系到社会公平，影响到社会和谐与稳定，很多专家学者从不同的角度揭示了中国户籍制度的弊端，认为户籍制度是造成中国流动人口"候鸟"式迁移的主因，阻碍了中国城市化进程，同时对户籍制度改革提出了很多有创造性的见解与建议，其中绝大多数建议都切合中国的国情，很有建设意义。

深圳市是中国最早完成农村城市化改革的移民城市，也是流动人口最多、户籍与非户籍人口倒挂最严重的城市，深圳市的户籍制度改革在很多方面走在了全国前列。从对深圳市户籍制度改革研究来看，现在社会上对人口管理与服务、户籍制度、户籍制度改革建议、流动人口的管理与服务等方面存在认识上的误区、盲区，有一些观念还有待进一步验证。笔者通过深圳市的户籍制度改革研究，并对全国其他地方的户籍改革进行总结分析，对现在流行的一些改革观念与认识进行经验总结与误区识辨后，形成基本研究成果如下：

一 户籍制度改革并不能破解城乡二元困境，土地改革才是破除城乡"二元"结构的利器

通过对中国户籍制度的形成与研究发现，新中国现行的户籍制度是造成中国城乡"二元"割据现状的直接原因。但是，户籍制度经过多年的演变与发展，已经牵涉中国社会治理的方方面面，已经不再是纯粹

意义上的从事人口信息登记、为社会治理提供基本的户籍制度，而是涉及人口管理与服务的社会治理制度与工具。当初以"农业反哺工业"的战略，为鼓励农业生产的积极性，将土地分配给农民耕种，将农民拴在土地上，通过偏向性制度设计来剥夺农民权益，保障城市户籍人口福利与权益。现在，在中国社会保障尚未全国统筹的情况下，土地已经成为农民养老保障的根本，农民如果没有稳定的职业收入和稳健的社会体制保障，他们是不会放弃土地而自动支持农村城市化改革。通过社科院的一份调查显示，80%的农民并不愿意"农转非"，意识到土地的价值而不愿放弃已有的土地是其主要原因。所以户籍制度改革并不能破除城乡"二元"结构，土地改革才有可能。

深圳市的农村城镇化改革显示，在2004年，深圳市农村人口就业普遍呈非农化趋势，在宝安和龙岗两区的农村户籍人口为27万人，其中绝大部分不再从事农业生产，他们的主要收入来源由集体经济的股份制分红、经商、房屋出租等多元化构成，他们的生活方式也发生了巨大变化，且更趋于市民化。然而，在深圳市强大财政支持、建立健全农民社会保障的情况下，户籍身份转换改革依然遇到了巨大的阻力，阻力的来源就是土地。

二 户籍制度限制不了人口流动，人口流动源于利益

2011年春运期间，中国铁路共发送旅客2.21亿人次，民航业共发送旅客3260万人。一年一度的春节，非户籍人口"候鸟"式的回家过春节这一独特现象，让一些专家学者对中国的户籍制度进行了反思与考问，认为中国户籍制度是造成流动人口"候鸟"式迁移的主因，如果城市户籍制度能够开放，流动人口拥有这个城市的户籍就不会有春运这一现象了。但是，从深圳市的情况来看，在春节期间，据不完全统计，有60%以上的从外地迁入的户籍人口选择了回家乡过春节，中国的故乡情结与节日是中国人回家乡的主要原因。从另外一个角度思考，中国已经逐渐废除行政法规来限制人口流动，中国现行的户籍制度已制约了人口流动。无论是深圳，还是中国，城市中"人户分离"的现象足以说明人们的流动主要是基于自身利益的追求。

三 教育并非提高地区人口素质最有效的途径，产业结构调整才是提高人口素质的有效手段

中国高等教育普及，高素质、高技能人才数量快速增长，各地都在倡导把教育放在首位，寄希望于通过教育提升城市人口素质。但从深圳的情况看，这一观念并不正确。深圳市到目前为止只有一所一本院校，深圳市的高等教育资源在全国同等人口规模的城市中最为匮乏。但是，自深圳市实施产业结构调整以来，高新技术产业规模越来越大，企业自主创新能力越来越强，深圳市的人才总量伴随产业结构的调整持续增长，2009 年，深圳每 10 万人中大专以上学历人口达到 18235 人，位居全国大中型城市前列。2017 年人口抽查数据显示，每 10 万人中大专以上学历人口达到了 22667 人，增长了 22%。对应东北三省优质的高等教育与高素质人口净流出，说明了地方的高等教育并不是提高地区人口素质的最有效途径。对高素质人才的争夺，最主要的是产业环境，只要有了相应的产业环境，人才的才能得以充分发挥，人才才能得以聚集。

四 流动人口并不必然是财富，有时可能是负担

深圳市大量的外来人口为深圳市的经济发展与城市建设做出了巨大的贡献。但是，纵观深圳市的发展历程，深圳市除了在立市的前 5 年间积极创造人口流动的环境，在后来的 25 年间，并没有追求外来人口越多越好，反而是通过各项措施进行控制甚至堵截外来人口进入深圳市。适量外来人口，会为城市的经济带来活力，促进经济发展，而大量的外来人口无序进入时，会挤占城市的资源、破坏城市规划、影响城市正常功能运转，进而造成本地居民生活质量下降、治安问题严重，对外来人口治理、救助与服务的投入，远大于流动人口对城市贡献时，流动人口就会变成一种负担。

五 区域间高素质人才的争夺战，可能导致区域间的性别比失衡

在深圳市人口置换战略中，优先引进高学历、高技能型人才，优先促进高素质人才的落户，在全国也是如此。而高素质人才受中国高等教育招生的选择性、女性生理与生育原因、中国社会重男轻女传统思想、企业用工时歧视性选择等因素影响，男性在中国社会占据更多的社会优

势。深圳市在 2002 年才取消在招调工时"先男后女"的性别歧视,这一歧视性举措曾为扭转深圳市户籍人口男性比例低于女性做出了"贡献"。统计数据显示,在原特区内(罗湖、南山、福田三区)人口的文化素质高于特区外,男性的文化素质高于女性,以受过大学教育的为例,男性占了近 2/3。在推行以吸引高学历、高技能人才的人口置换户籍政策时,如果不放宽配偶与子女的随迁政策的学历、年龄与时间限制,必然破坏户籍人口的性别比平衡。

六 城市人口年轻化在短期内是财富,长期可能演化为负担

根据深圳市老龄办在 2009 年 12 月的抽样调查数据显示,课题组专家估算 2009 年深圳市老年人口约 42 万,大约占常住人口的 4.7%,远低于中国 12.5%[①]的平均水平,深圳市常住人口平均年龄一直在 29 岁左右,是一个很年轻的城市,然而随着中国多极化的经济发展、城市化进程的加速、刘易斯拐点的来临,"用工荒"必将愈演愈烈,作为一个年轻的移民城市,随着人口置换战略的失效,在 40 年后现有人口将有超过 60% 的人口步入老龄化,怎样稳定现有人口不外流,同时还能够有效置换现有低素质人口,还要避免未来严峻的人口老龄化问题,这可能是深圳市人口战略中面临的最重大课题。

七 地区的户籍制度改革离不开全国统筹,不可能先于国家改革而完成

美国前橄榄球运动员约翰·艾伦发起,并与几家财团联手出资,委托空间生物圈风险投资公司,历时 8 年,耗资 1.5 亿美元,在亚利桑那州图森市以北沙漠中兴建成一座封闭的仿真微型人工生态循环系统,即著名的"生物圈 2 号",目的是为人类向太空移民进行探索经验,但仅仅 21 个月之后,因生态状况急转直下,"居民"被迫全部撤出,科学家由此验证,指望实现局域的生态平衡过于理想化。而社会系统远比自然生态系统复杂得多,各地户籍制度就是一个封闭社会系统,是具有地方特色的利益系统性制度,指望一城一池式、以点带面式的"城乡一

---

① 全国老龄办:《2009 年度中国老龄事业发展统计公报》,2010 年 7 月 13 日。

体化社会"实现，最终将重蹈"生物圈 2 号"覆辙。2004 年，郑州的户籍改革"流产"，就是最好的例证。

依据"经济人"假设，基于逐利心理的人口的流动是一种全国性行为，而逐利机会是由市场来提供的，所以，人口流动是以市场为导向的。城市户籍上附着太多农村户籍人口梦寐以求的福利，如果某个城市户籍开放，全中国的农村人口都可能基于养老、医疗、失业保障、子女教育等利益导向而无序涌向该市，必将使该市生态状况急剧恶化、财政资源迅速枯竭、现有户籍人口福利状况直线下降、社会治安恶化等一系列问题，这个城市必将走向崩溃的边缘。

城镇化进程中的"农转非"改革，只是户籍的本地化改革，虽然涉及福利的分配问题，但各地政府可以依据自身财务与经济建设情况先稳步推进。而户籍的迁入式改革，流动人口追求的是跨区域的养老、医疗、失业保障、子女教育户籍福利差异，而这些则应该是"全国一盘棋"，需要由中央进行统筹，兼顾地方实际情况，稳步推进。

深圳市在 2004 年完成了农村城市化改革，成为中国最早一个没有农村的城市。但是，在中国社会发展不平衡、地区人口教育与保障差异显著、城市户籍福利没有革除的情况下，深圳市的户籍改革远没有完成，大量的外来人口户籍迁入，给深圳市的人口服务与户籍管理带来压力。只要有利益的差异存在，人们就会有户籍迁移的欲望，而中国户籍改革涉及方方面面，但最基本的还是社会保障问题，而社会保障的均衡，离不开全国性统筹，在全国统筹未完成前，任何地区性的户籍改革都不可能完成。

八 城市化进程中户籍改革内容不仅包括"农转非"，还包括"迁入式改革"

在城市化进程中，户籍的改革应包括农业人口转换为非农业人口的户籍制度改革和配套的土地制度改革，同时还有一部分容易为人忽视的迁入式流动人口的制度性改革。在深圳完成了农村城市化改革后，流动人口迁入式制度改革成为后续改革的重点。

九 "农转非"改革不仅是户籍身份的转换，还是农民市民化社会身份的转换

在农村城市化的"农转非"过程中，当地政府常聚焦于农民户籍转换与土地改革，关注就业与社会保障等情况，却很少关注这些被转换户籍的人口市民化社会身份的转换。这些人口因长年生活在农村，而进入城市后，因其生活方式、生活习惯原因，他们面临着新的生活方式适应、新老市民观念碰撞、社会居民的心理歧视、社区融合等问题，这些都是社会身份转换问题。农民市民化社会身份的转换，将伴随着环境的适应与习惯的改变而实现，这将是一个长期过程。

十 户籍制度改革进程：欲速则不达

户籍制度造成的负面影响被人们广泛认识，附着在户籍身份上的福利差异，被认为是造成社会不公的主要原因之一，人们对户籍制度改革的呼声也越来越高，希望尽快进行大刀阔斧的改革，尽快实现社会身份的公平化。很多国外学者认为中国应该实行"一刀切"式的改革，在国内也有如郑州等地实行过"一刀切"的户籍改革模式，但基本以失败而告终。在深圳，虽然在户籍改革的很多方面走在了国家前面，但是，对接近于户籍人口5倍的外来人口，对户籍福利的渴望所产生的压力，远大于其他城市，也有很多专家学者呼吁深圳市加快实现常住人口的户籍转换速度，促进城市的稳定与发展。

但近30年来，深圳市建市以来，一直都在按自己的方式、以每年15万人左右的转换速度吸纳外来人口。究其原因，显然不是深圳市政府没有认识到人口问题的负面影响，而是快速转换后户籍人口急增、现有财政能否支撑相应资源与服务购买，另外，未能落户深圳的人口绝大部分是大专以下低素质的劳动人口，其中初中以下常住人口超过了470万，这些相对低素质、低技能的人口一旦沉淀下来，随着年龄的增长，社会相对竞争力的下降，他们将逐步淡出劳动力市场，成为深圳市后续发展巨大的社会包袱，深圳市未来是否有能力承受这样的负担，还没有人去论证过。另外，深圳市接纳一个户籍人口的社会成本是40万元，常住户籍的户籍高速转换让深圳市现有财政能力也无法负担，深圳市只

能逐步推进，同时通过常住人口的福利均等化稳定与服务外来人口。

十一 户籍制度的根本：人口管理与服务

深圳市有超过 1000 万的非户籍人口，他们的整体素质和对于自己权益关注都不亚于其他地区的流动人口，但是，在深圳市，因为外来人口中 90% 以上都是劳动适龄人口，对养老公平的愿望还不强烈，外来人口申请调户的动力大部分是来源于对子女享受优质教育资源渴望，他们在社区管理、医疗、养老等人口管理与服务方面享受的权益与户籍人口并没有明显差别，这降低了他们申请转调户籍的愿望。

通过研究证明，当前与户口相关的社会矛盾问题其实并不在于户口本身，而是附着在户籍上的种种现实利益。人们对户籍制度改革的渴望，实际是渴望享有同等国民待遇的权利、缩减或消除社会不公、缩小社会贫富差距、改变中国社会的城乡二元结构。[1] 从社会整体的角度看，最优先需要的不是简单取消农业户口或减少农业人口的户籍改革，也不是简单剥离附着在户籍社会上的福利，而是政府基于社会公平与和谐的人口的治理理念与服务政策。

十二 户籍制度改革基础：社会保障全国统筹

目前，我国的社会保障主要包括养老保险、医疗保险、工伤保险、失业保险、生育保险——俗称"五险"。在中国，这"五险"的每一"险"下都有许多名目和相应的缴费比例。以养老保险为例，有公务员退休金制、城镇职工养老保险、农民工养老保险和正在研究制定的新农村养老保险等。医疗保险有城镇职工医疗保险、城镇居民基本医疗保险、新型农村合作医疗保险等，它们的收费标准各不相同。除公务员体制外，这些以户籍为载体和保障对象、缴费基数、享受标准的差异，为社会保障的城乡统筹设置了重重障碍，阻碍了户籍制度改革。

中国社会保障统一后，将对流动人员的社会保障实现良好链接，流动人口不需要担心在一个城市工作时生病的高昂医疗费用，也不需要担心在这个城市工作一辈子却无法如同户籍人口一样，申请在这个城市退

---

[1] 杨政文：《户籍改革：困境与出路》，《领导者》2009 年第 2 期。

休、在这个城市终老。流动人口对城市户籍福利中最为关注的还是社会保障，他们最关心的是能否享受到关系到自己生老病死的社会保障机制。如果中国实现社会保障的统一，流动人口迁移户籍的动力将会大幅减轻，中国户籍制度改革的压力也会大幅下降，户籍的概念必将淡化。从深圳市的经验来看，通过近十年的改革，深圳市流动人口的医疗、养老、生育、工伤等保障与户籍人口基本趋于统一，有了这些共同的保障体制，户籍转换的成本大幅降低，流动人口基于社会保障而申请户籍迁入的意愿也在降低。

十三　流动人口权益保护：参政、议政权保障先行

在中国人大代表的选举中，每 22 万城镇户籍人口产生 1 名人大代表，每 88 万农业人口才产生 1 名人大代表，农村户籍人口与城市户籍人口的参政议政的基本权利严重不平等。而中国有超过 2 亿的流动人口，而流动人口中，以农村户籍人口又占据了绝大多数（有些专家学者甚至以流动人口的概念与数据代指农民工，虽然不科学，但还是具备一定的代表性），这些流动人口即没有时间回到当地参与到户籍所在地的选举、参政与议政，在打工的城市也基本没有机会参政、议政，他们的诉求缺乏有效的反馈渠道，他们的权益也因此在政策制定时往往被忽视。所以，以户籍制度改革的政策制定与推动的主体是户籍居民，户籍制度的改革只有在不降低他们自身的权益或是相对权益的基础上，才能进行推进，而这些有赖于经济的发展所创造的财政税收作为基础，这些也决定了户籍制度改革与流动人口的权益保护只能是慢步进行。

改革的倡导者很少会倡导让自己利益受损的改革。只有当流动人口与户籍人口享有同等的参政、议政的权利，流动人口的权益诉求才能在政策中完整体现，流动人口的权益立法进程才能得以加快，户籍制度改革才能加速。

十四　人口福利均等化改革：淡化户籍，教育并行

教育是民族振兴和国家强盛的基础，是农民工未来希望所在，教育的公平是社会公平的起点。绝大多数农民工都希望子女能够接受良好的教育，而义务教育作为一种公共产品，需要由政府加以提供，据有关数

据显示，流动人口最为关心的是子女的成长教育问题，很多流动人口迁移户籍的主要动机就是为其子女能够上一所好学校。在深圳，子女上学不是将户籍作为唯一条件，而是将居住条件（如拥有自有住房）和户籍作为同等考虑，在优先满足户籍人口子女上学的同时，再保障流动人口子女入学；深圳市将居住地纳入其子女入学主要考核条件，导致了教学条件较好的学校附近房价大幅上涨，推高了深圳市的整体房价。

我国的义务教育实行的原则是"在国务院领导下，地方负责，分级管理，以县为主"，义务教育的经费主要由户籍所在地的地方政府承担。各地往往基于经费支出或其他原因，习惯于把外来人口子女当作教育计划外人口来考虑，外来人口的学龄子女自然地被当作本地义务教育体制外的求学对象，流动人口子女自然也无法享受与城市同龄儿童同等的教育机会。

以城市总人口规模为基础，加强教育资源配置的全国统筹、加强民办学校的扶持与管理，将子女教育经费支出纳入中央政府财务统筹，并向接纳流动人口入学的地方政府给予相应的财政补贴，流动人口将不会因为子女上学而迁移户籍，这样基于户籍上教育福利就得到有效的剥离，流动人口的义务教育福利也实现了全国均等化，也就减轻了流动人口户籍迁移的动力与欲望，才能起到淡化户籍身份的作用。

十五　流动人口社会基本保障改革突破：医保并行

1992年，深圳市陆续出台了涉及外来人口的职工医疗保险制度，从保障大病的基本医疗保险到享受门诊医疗待遇综合医疗保险，到流动人口子女的医疗保险，再到流动人口的生育保险，基本实现了常住人口的全覆盖。从所有保障中，因为劳动人口对养老保险的权益诉求并不明显，但流动人口生病是随时可能发生的，所以他们最关注的是让他们能看得起病的医疗保险，在这一方面的愿望也最强烈。而对政府而言，这一类保险的费用基本是从用人单位和流动人口进行征收，并可以通过自订比例调节收入平衡，对政府而言，几乎没有财政负担；对企业而言，每月为员工上缴的费用也只有几十元，财务压力不大，所以也最容易推动。所以，建议在推进流动人口社会保障中，医疗保障是关乎流动人口生存的重要因素，应当注重对医疗保障的统筹。

十六　流动人口居住权益保障：构建多层次的流动人口住房供应体系

深圳市总工会 2010 年 7 月发布的《新生代农民工生存状况调查报告》显示，被调查的农民工人均居住面积为 3.7 平方米，46.8% 的新生代农民工仍然生活在集体空间。作为成年人应有独立的生活空间，但他们生活空间狭小，缺少正常的社会交往和生活。混合性、生存式的劳动力生产和再生产模式，使农民工没有足够的经济能力与自己的家庭生活在一起，长期外出打工，也影响了婚姻生活的稳定，有 19.3% 的已婚人员因打工造成了对婚姻的不利影响。在已婚有孩子的家庭中，有 69.9% 的孩子不能随父母一起生活，形成大量新的留守儿童。留守儿童长期缺乏父爱或母爱及相关的教育，会形成家庭情感交流功能的弱化、心理抑郁焦虑等心理健康问题，而留守儿童的经历对他们今后的社会认知、心理及行为都会产生不可忽视的影响，造成更多的社会问题。报告建议，加快建设农民工公寓，将农民工居住问题纳入城镇住房保障建设规划，加大住房保障投入力度，为农民工提供农民工公寓或者适合农民工租住的住房，取消申请廉租房的户籍限制条件。①

安居才能乐业，居住条件差是农民工面临的突出问题。在深圳市高房价全国闻名，深圳市的商品房与保障房建设滞后于人口规模，应让储蓄不多的新生代农民工租得起、住得下、能立身、能成家，加快包括农民工公寓、集体宿舍在内的多层次保障住房建设，提供多渠道农民工住房供应途径，是对流动人口居住权的有效保障。

十七　取消城乡二元户籍制度：土地改革应该先行

国务院早在 2014 年发布的《关于进一步推进户籍制度改革的意见》中就提出，取消农业户口与非农业户口性质区分和由此衍生的蓝印户口等户口类型，统一登记为居民户口，体现户籍制度的人口登记管理功能。但是，简单地取消登记并没有达成户籍统一管理、回归人口登记的基本职能。农村户籍人口因为农村土地问题，户籍转移意愿并不强

---

① 深圳市总工会：《新生代农民工生存状况调查报告》，2010 年 7 月。

烈，需要相关部门尽快将农村土地的产权归属、是否可以作为财产继承等农村居民关注的问题进行正式、明确宣告，解除农村人口的疑虑。同时需要各级政府，尽快将以户籍人口为服务对象调整为以常住人口为服务对象，促进常住人口公共服务均等化，城乡二元户籍制度才实现彻底并轨。

第二节 我国当前户籍制度的利弊评述及改革思考

当前中国的户籍制度受到了国内外专家学者口诛笔伐式的抨击，甚至认为当前户籍制度是造成中国当前社会不公的罪恶根源，很少有学者从正面去思考当前户籍制度给当前社会带来的社会意义。但是，从哲学的角度，存在即是合理。当前的城乡二元式的户籍制度曾在20世纪50年代至60年代初期，在社会资源分配、稳定社会治安、推动农业生产等方面起到了积极作用，在资源规划、投资引导与分配方面，至今仍发挥着重大的作用。笔者拟从客观的角度，系统地审视现行的户籍制度的利弊。

一 当前户籍制度的积极影响

城乡分离的户籍制度在过去的60年中，通过有偏向的制度设计，将农村的资源以不等价交换方式，集纳了国民有限的物质财富，发展了中国国民经济急需发展的方面，支援了非农产业以及城市建设的发展，整个过程体现了优先发展城市的思想。

（一）农村城镇化进程有序推进的基本保障

在中华人民共和国成立初期，城乡二元户籍制度格局尚未形成，人们可以实现自由迁徙，但是，由于社会生产力不够发达以及城市资源的有限性，几乎所有的大城市都出现大量的没有正式工作的农民，城市原有居民生活质量下降、社会治安状况恶化，城市的人口承载能力达到极限。现在，中国经济虽然有较大的发展，人们的生活条件有较大的改善，但是，我们必须深刻认识到，如果没有当前的户籍制度，没有当前的土地保障功能，大量的农民涌向城市，当前的城市就会重现50多年前的城市规划与资源配置的无序性、政府职能紊乱、社会治安整治困难等状况。户籍制度也是我国处理城乡二元经济结构矛盾的一种特殊方式，并在这方面发挥了重大作用。

(二) 社会公共福利规划与分配的基本依据

现有的社会福利均倾向于户籍人口，因为事实上现行的户籍制度已经不能限制人口流动，如果没有户籍制度的限制，一个城市将会吸引大量的资源贫乏的农民拥向城市，"城市病"立马就会显现。同时，由于大量冗余农村劳动力涌向城市，使城市就业市场长期面对有限需求与无限供应的尖锐矛盾，城市中年以上职工，尤其是蓝领职工在这种冲击下，将会受年龄、体力、工资成本等多方面不利因素，而提前下岗，这是对社会劳动力资源的一种浪费。

(三) 农民生活兜底保障的法律依据

在市场经济条件下，户籍制度的这一层屏障，由于资本的逐利性，大量的资本将可能会进入农村市场，掠夺农民的土地资源，农民将会极易失去生活的保障。同时，由于自身技能的缺乏，农民可能将过早被排斥出劳动力市场，过早被剥夺正常的劳动权利与生活保障。

二 当前户籍制度的十大消极影响

当前的户籍制度的消极影响主要表现在以下几个方面：

(一) 农民工迁徙潮造成了巨大的社会成本浪费

2017 年，农民工总量达到 28652 万人，比上年增加 481 万人，增长 1.7%，增速比上年提高 0.2 个百分点。[①] 由于中国人对家的特殊情结，造成了这些农民工每年春节都如同候鸟一样回到家乡过春节，春节结束后又回到外地继续务工。2018 年春运 40 天时间内，全国旅客发送量将达到 29.8 亿人次，与 2017 年春运的 29.78 亿基本持平。其中，公路 24.8 亿人次，下降 1.6%；铁路 3.89 亿人次，增长 8.8%；民航 6500 万人次，增长 10%；水运 4600 万人次，增长 4%。总体来看，春节期间客运总量增速放缓但结构发生变化，铁路、民航运输需求仍保持较快增长。在春运期间，除了迁徙的交通成本的背后还有能源耗费与环境破坏成本。此外，还有在迁徙过程中的人力资源闲置成本，如果纳入

---

① 国家统计局：《2017 年农民工监测调查报告》，2018 年 4 月 27 日。

统计，将会是一个庞大的成本数据。虽然，并不是所有的流动人口都选择在春运期间回到家乡，截至2017年我国农民工规模为2.86亿人，按一年平均回家乡一次，按2000元的成本计则达到5720亿元，农民工回乡造成的社会交通与生活成本浪费规模的数量依然惊人。究其原因，人户分离与社会福利供给的户籍制度的强制性切割，是造成现行中国农民工"候鸟式"迁徙的主要原因。

（二）城乡二元割据的户籍结构阻碍了农村城镇化的进程

中国现行的户籍制度是在中华人民共和国成立之初随着国家工业化进程逐步建立和形成的。这一制度是根据中国工业化赶超战略的需要而建立起来的行政体制，是计划经济体制中社会治理的一个核心制度，履行着让农业为工业化提供积累的功能，这一制度建立的背景也决定了工业化进程将受制于城乡二元结构的深层次矛盾，是社会资源短缺情况下的制度安排，所以城市户籍附加了许多利益，这种制度性不公的结果又固化和加重了城乡二元社会结构；此外，户籍制度用行政手段把全体公民划分为城市人和农村人两个不平等社会群体，城镇居民享有福利待遇和劳动就业机会，而农民则被束缚在土地上，形成了两种不同身份的等级制度。

在改革开放之前，中国城市化与工业化过程被人为割离，城市功能萎缩，不断向农村、向土地转移人口压力。王海光（2005）认为，现行户籍制度抑制了城市的人口膨胀，同时也窒息了社会发展的活力，使人口流动长期处于停滞状态，违背了现代化发展的一般规律和社会主义的平等原则，但同时也迟滞了城市化的进程，使城市功能全面萎缩，并在精神层面形成了社会的"城市户籍崇拜"心理，乃至造成人口素质劣化，农业劳动率低下，农村人口贫困化，城乡差别拉大等一系列社会问题。改革开放后，随着短缺经济的结束和社会主义市场经济体制的逐步建立，中国社会经济的发展对现行户籍制度产生了强烈冲击，农村大量剩余劳动力大量转移，现行户籍制度已经不能适应中国社会全面发展的需要，其弊端越发明显地表现出来，面对加入世界贸易组织的国际竞争的挑战、农村经济发展连年徘徊、内需不足等问题压力，成为社会各界关注的热点问题。

(三) 造成了城市内部的新的二元结构

随着户籍改革的深入，由于制度设计上的缺陷，引发了一系列如文明冲突及隐形二元结构问题。一是新老市民资源享有冲突：在很多地方，户籍被附加诸如社会保障、教育、医疗以及政治生活等太多的内容，受制于资源的约束，"老市民"的生活因"新市民"的进入而发生改变，产生诸如入学难、公共资源受限等一系列问题，甚至还引发了"新老市民"间的冲突；二是隐形的二元结构：户籍转换并不意味着农村城市化的完成，他们从农民转化成市民的过程，也是一个漫长的过程。在这个过程中的前期，他们的生活理念、习惯还具有典型的农村生活气息，与先进文明的都市生活方式差异很大。他们生活的圈子也很难融入城市"老市民"的圈子中，导致户籍改革后产生了"新市民"与"老市民"两个群体，形成了城市内部的隐形二元结构，形成了农民工与城市居民新的二元格局。

(四) 农村社会养老问题突出

工业大生产劳动方式的重大转变，大批农业劳动力从农村转向城市，很大程度上影响了劳动者作为养老义务承担者的角色，家庭赡养和生活照料功能随之受到削弱。农村的青壮劳力流入城市，这些青壮劳力闯事业的时期正是其父母进入老龄阶段的时期，但是，竞争的市场经济和强烈的事业需求迫使青壮劳力不得不离开家乡到异地择业，因此父母与子女异地生活就无法避免，他们赡养父母的责任与流动就业之间产生了矛盾，农村养老问题非常突出。

(五) 农村留守儿童问题频发

截至2018年，根据民政部等相关部门公布，中国目前有902万父母皆外出务工的16周岁以下留守儿童。全国妇联2013年的一项研究报告测算，父母有一方或双方在外务工的留守儿童人数达6100多万。他们的心理健康表现为隐形，不容易发现但影响深远。中国特殊的城乡二元结构，让这个问题变得更加深刻复杂。农民工融入之难，造就其家庭分割之剧，这在世界上都是罕见的。留守儿童年龄幼小就离开父母，父母关爱严重缺失。尽管有些是爷爷奶奶或亲朋监管，但毕竟是与父母亲不同，当留守儿童遇到一些麻烦就会感觉柔弱无助，久而久之变得不愿与人交流。他们很大一部分性格柔弱内向，存在自卑心理、自制力弱，对老师、临时监护人管教的盲目反抗和逆反心理突出。还有少部分孩子不理解父母，认为家里穷，父母没有能耐，才外出打工，由此产生怨恨情绪。还有一部分儿童上网成瘾，荒废学业，义务教育没有完成就流落社会。城乡第二代人口素质的差异在进一步拉大，这将导致他们未来与城市同龄人之间的收入差距进一步拉大，进而影响城乡之间的社会文明融合。

（六）阻碍了社会层级流动

截至 2017 年 11 月 7 日，全国打工者数量达到 2.63 亿人，比 2011 年增加了 983 万人，增幅为 3.9%，打工人口已占全国人口数量的 19.4%，他们事实上已成为"准城市人"。由于受户口和身份的限制，这些为城市发展做出巨大贡献的打工者，面临着公共福利享有上的巨大差异，不能获得一般城市户籍人口的福利待遇，这种差异既欠科学也不合理，成为一种"看得见"的巨大不公平。同时，由于我国地区经济与政策的差异性，地域之间发展差距逐渐扩大，城市之间的居民收入、公共产品服务的数量和质量之间的差距正在逐渐拉开，建立在户籍基础上的城市福利分享机制日益阻碍城市之间的人口迁移和人才、劳动力的流动，人为地拉大了发展鸿沟。

户籍差异的客观存在，使在就业、教育、社保、计生、妇幼保健、医疗、失业、意外伤害等方方面面，城市居民和农村居民待遇处于严重失衡的不对称地位。城市居民的户籍因福利有了越来越多的"附加值"，且不断"增值"，农村户口在不断扩大的城市化进程中，则日益"贬值"，两者差距越来越大。这一差距的长期存在，严重阻碍了农村底层精英向上流动，严重妨碍了劳动力资源的优化配置，限制了劳动力在地区间的合理流动，影响了和谐社会的构建。

（七）户籍壁垒抑制了消费

社科院人口研究所蔡昉指出，以合法固定住所为基本落户条件的户籍制度改革，将对当前的消费具有很强的刺激作用。长期以来，流动人口因为没有城市户口，使他们抱着"有一天我也许要离开这个城市"的念头，这就使他们的消费方式和行为都会是一种短期行为，必然会把消费开支削减到最低。而当他们获得城市户口后，周围城市居民的消费行为都会对他们有一种示范作用，使他们的消费行为长期化，将大大刺激消费增长。同时，获得城市身份的进城农村人口，在住宅、教育、医疗、社会保障等方面取得"国民待遇"后，他们将具备长期置业的意愿，从而加强消费倾向和稳定支出预期，实现消费需求的稳定增长。很多人把启动内需的希望寄托于农村。但是，启动农村市场并非易事，农村的社会保障制度、基础设施建设尚需要一个过程，直接制约农村消费市场的扩大。而获得城市身份的进城农村人口，在住宅、教育、医疗、社会保障等方面取得"国民待遇"后，他们将具备长期置业的意愿，从而加强消费倾向和稳定支出预期，实现消费需求的稳定增长，这有助于拉动长期内需。

（八）社会权利与福利分配的不公

城乡户籍分割制度不仅表现在城乡经济发展上的制约作用，还表现在依托户籍制度的权利与福利上，包括就业问题、受教育的机会、社会保险、房屋所有、公共设施等。非农户口的居民比农业户口的居民享有更多的福利待遇和社会保障，这使半个世纪以来具有偏好的、本来非常不公平的制度设计被人们视为必然。在婚育问题上，新一代农民工在生育观念上就不能接受城市人的独生子女观念，农村居民对生育制度的破坏并没有实现其养老预期；相反却为城市提供了大量的富余劳动力，"廉价劳动力"问题并不会因为城乡户籍的统一得到缓解，低工资水平又决定了其在社会中的地位不能处于高层，所以农民虽然有了城市户口，但较低的社会地位还可能持续相当长的一个时期。

（九）掠夺了农村优质人力资源，拉大了城乡差距

偏离公平的制度设计严重阻碍了经济发展的进程，尤其是城乡一体化进程，城乡之间的经济落差越来越大。农村"空心化"严重。基于2018 年 2 月对贵州省 14 个深度贫困县的调查数据显示，深度贫困县与极度贫困乡镇中有 1/3 的人口外出打工，而留在乡村的绝大部分人口均为"386199 部队"，即妇女、儿童与老人，年轻的人力资源均在外务工。有少部分青年劳动者因身体残疾、文盲、劳动能力欠缺、不能适应外部环境等原因，不能外出打工或外出后做了短暂尝试后又返回家乡。还有一部分老年劳动人口是将青春年华奉献给了沿海城市，当年龄逐渐增大而劳动能力逐步丧失时，他们失去了被掠夺的价值。由于城市对这部分人口的养老保障缺失，导致老年农民不得不返回家乡，依靠家乡的

土地养老。户籍制度是造成农民工不能安心立命、扎根于城市发展的根本原因，这说明户籍制度实质上是城市对农村优质人力资源的掠夺，这一制度的存在拉大了中国城乡之间的发展差距。

（十）降低了人力资源的配置效率

高级人才因公共福利需求，更多选择留在大型城市，结果造成大城市的人才拥挤、就业困难，为了仅仅一张户口宁肯高职低就，在许多岗位出现人才浪费。中小城市和相对落后地区，由于公共产品和服务的差距，对人才、劳动力的吸引力远远小于大城市，加之户口附加值差异的存在，制约了人才从高地向低地的流动，加剧了落后地区的人才短缺状况，严重降低了我国人力资源的配置效率。

第三节　城乡户籍改革方向思考

一　政府需要从当前的人口管控向人口服务的理念转变

整个社会都在倡导"以人为本"的理念，政府也在倡导"以人为本""执政为民"的服务理念，而现行的户籍制度是在建立人口管控、限制人口自由迁移、剥削外来人口社会福利的基础上的人口管理理念，当地政府不应该把"执政为民"的"民"，理解为"当地户籍的人口"，"以人为本"当然也不是以"拥有本地户籍的人口"为本，理应包括非户籍的常住人口与流动人口。

二　户籍改革方向的路径思考

农村城镇化进程中的户籍改革，可以行政区域为单位，结合城乡社会保障统一的进程，依据经济发展与该区域的实际情况逐步推进与完成。而流动人口的接纳与服务是一个全国性的系统工程，不因农村城镇化改革进程或"农转非"的全面完成而结束，流动人口的社会公共资源提供与便利服务，是各级政府最重要的职能。中央政府应当统筹考虑与规划，各地可以依据自身经济发展状况、人口承载能力等实际状况，提供相应的特色服务。

三 进城农民工的市民化福利的获得

对于进入城市的农民工,可以根据城市的可承受能力,逐步放开落户与城市居民待遇限制。如可以根据农民工的贡献大小、根据他们进入城市时间的长短,设定一些他们经过努力或等待可以达到的落户标准,允许他们分批次在城市落户并获得相应权益。同时对于他们在城市中的待遇,也可以根据一定的标准逐步获得,如进入城市可以获得最基本的公共服务,具备一定条件后可以获得一些社会保障,直至最终获得当地居民的政治权利。关键是作为城市要建立这样一种机制,要抱着接纳而不是拒绝的态度来看待这个已经得到诸多不公平待遇的群体,这对于维系社会稳定、推进国家城市化进程、推进经济社会更快进步都是必不可少的。

四 农村留守农民的社会保障体制构建

2018年中央一号文件对"三农"工作又提出更为艰巨的任务,其中对于加强农村社会保障体系建设明确提出:完善统一的城乡居民基本医疗保险制度和大病保险制度,做好农民重特大疾病救助工作。巩固城乡居民医保全国异地就医联网直接结算。完善城乡居民基本养老保险制度,建立城乡居民基本养老保险待遇确定和基础养老金标准正常调整机制。统筹城乡社会救助体系,完善最低生活保障制度,做好农村社会救助兜底工作。将进城落户农业转移人口全部纳入城镇住房保障体系。构建多层次农村养老保障体系,创新多元化照料服务模式。健全农村留守儿童和妇女、老年人以及困境儿童关爱服务体系。加强和改善农村残疾人服务。中央为农村社会保障体系建设指明了发展方向和路径,对于继续留在土地上耕作的农民及暂时不能获得城市户口的农民工,应继续提高他们的各种公共福利保障待遇,直至与城市居民完全拉平,城乡户籍已不存在任何差异,就可以没有任何阻力地实现城乡户籍的真正统一。

五 迁徙与户籍转换自由化机制构建

有些农户通过自己的努力,有能力、有意愿在城市定居生活,自愿退出对土地的各种权利,有关部门应在给予合理补偿后将土地收回。在此过程中，要充分考虑他们的意愿和利益，不能强行剥夺。

第四节　深圳市户籍后续改革的建议

中国社会科学院农村发展研究所研究员、宏观经济研究室主任党国英认为，中国户籍制度改革的目标是公正与效率，深圳户籍制度改革更容易突破并且有条件为全国做出积极的探索。时任中国社会科学院人口与劳动经济研究所所长蔡昉（2010）认为，劳动力无限供给时代接近结束，深圳户籍改革方向应从以技术技能迁户为主过渡到以稳定就业为主、以本地吸引劳动力为主突破到跨省吸纳劳动力为主的两个方向进行突破。

深圳市作为全国的金融、物流、文化与科技产业中心，其城市GDP连续多年位列中国城市排行榜第四名，2017年已经超越广州成为第三名。作为迅速崛起的经济中心城市，对人口的规模、结构、地域分布、增长速度、常住人口比例等有必然的要求。按深圳市的发展规划，到2020年深圳市常住人口规模将控制在1100万人左右，形成总体素质高、服务性人口比重大、与主要产业匹配、大量高端人才聚集的人口结构。但是，深圳目前的人口结构与其城市功能的要求差距还比较大，总体上人口素质不高，来自农村的人口占主要比重，专业人才聚集量较小，服务业人口比重偏低，行业具有带头人和专家人才少。所以，从中国户籍制度现状及深圳市的国情来看，深圳市户籍制度改革的目标应该是：稳定常住人口、淡化人口置换意识、淡化户籍意识、加强流动人口服务、促进常住人口的福利均等化。

深圳市的户籍制度伴随着深圳市经济体制改革走过了40个年头，为中国农村城市化改革的推进、城市经济与人口战略调整、流动人口的管理与服务、户籍制度改革等作了有效探索，虽然改革的过程中存在很多不足，为深圳市未来人口管理留下了巨大的挑战，但从积极面看，深圳市户籍制度改革也取得显著的绩效，为深圳市的发展作出了显著的贡献，其成功与不足将为中国的户籍制度改革探索了宝贵的经验。总体来说，深圳市的户籍制度改革，进一步验证了户籍制度改革的指导思想，明确了改革定位，找到了户籍制度改革破局的缺口，为户籍制度改革的终极目标实现探明了道路。

在后续的户籍制度改革过程中，深圳市应根据自身实际情况明确其总体指导思想，紧密配合全国性户籍制度与政策改革，甚至可以在流动人口的管理与服务方面为中国的户籍制度改革作出积极探索，总体建议如下：

一　总体指导思想：紧密配合全国统筹，兼顾深圳实情，稳步推进

深圳市的户籍改革不可能先于中国户籍政策的整体改革完成，同时户籍制度最终将回归于人口管理与服务，这表明户籍制度改革将是一个长期、持续的过程，只能稳步推进。近年来，在医疗保障方面，深圳市已经基本做到了常住人口的均等化覆盖；在养老方面，深圳市三次修改养老保障法规，逐步调整缴费基数，逐渐实现省级统筹，并逐步与国家接轨。而失业保障与教育资源分配方面，深圳因自身人口的特殊状况并依据自身的财力，逐步为流动人口提供与户籍人口相等的福利。目前，深圳市的人口结构与其城市功能的要求差距还比较大，主要表现在：人口总体素质不高，来自农村的人口占主要比重，专业人才聚集量较小，服务业人口比重偏低，高层次人才少等，户籍制度还需要承担人才吸引与人口置换战略。

二　改革定位：加强服务人口管理、服务于城市功能

随着产业、人口、资本、技术等多要素的聚集，深圳的城市功能不断发展和升级，提高了对人才、资本、技术、产业等生产要素的吸引、集聚和配置能力，进而促进了深圳城市化、现代化、国际化进程。伴随城市功能的不断发展完善，深圳城市性质也在不断升级，深圳市大致经历如下：外向型出口加工区—综合性经济特区—区域性经济中心城市—全国经济中心城市。深圳不同时期的城市功能和城市性质，对人口、设施、市场、区域布局等城市要素产生不同的要求和影响。未来，深圳城市功能将进一步提升，将发展成为全国最重要的经济中心城市和现代化国际大都市，对人口、设施、资本、市场等城市要素的需求量更大、质量要求更高。深圳发展建设的经验证明：城市功能与城市要素必须协

调、对应发展，良性互动，否则将影响城市的健康发展和竞争力。[①]

在过去的 40 年里，深圳市政府通过产业结构调整、大力引进高层次人才、引导低层次人才合理外流、加快高素质人口入户，大力推动人口置换战略，深圳市通过 40 年时间，每 10 万常住人口中拥有超过 18235 人大专以上高素质人口，高新技术产业超过深圳市工业总产值的 50%，与人口置换战略成功配置产业结构调整与升级。

城市功能对人口结构的要求，关系到城市的生命力和发展后劲。作为经济中心城市，深圳理想的人口结构应该是与主要产业匹配、服务性人口占总人口比重大、总体人口素质高、普遍具有良好的道德和知识素养、大量高端人才比重大。同时具有重要影响的经济中心城市，必须要有相当规模的常住人口。但流动人口比例过大，不利于城市功能的巩固和扩展。深圳要大幅度提高常住人口比例，增强人口对产业的吸引和稳定作用。

人才引进、培养和鉴定必须与产业政策和产业发展结合。在支柱产业、新兴产业和重点发展但基础薄弱的行业用人方面，应放宽入户条件，加大引进力度；在政府限制的产业，应提高入户标准。在优化人口空间分布结构方面，户籍制度需要服务于城市战略性产业，促进产业结构人才调整，聚集支柱产业人才的引进，从而使户籍政策能更好地服务于城市功能的实现。

三 破局的关键：保障统一、教育并行

中国社会保障统一后，将对流动人口的社会保障实现良好链接，流动人口迁移户籍的动力将会大幅减轻，中国户籍制度改革的压力也会大幅下降，户籍的概念必将淡化。深圳市通过近十年的改革，流动人口的医疗、养老、生育、工伤等保障与户籍人口基本趋于统一，有了这些共同的保障体制，户籍转换的成本大幅降低，流动人口基于社会保障而申请户籍迁入的意愿在降低。但基于对下一代美好愿望的寄托，流动人口对其子女的教育资源的追求异常强烈，他们还是宁可放弃农村的土地保障进而努力将户籍迁入深圳市，如果深圳市能够依据常住人口的规模，

---

① 王世巍：《提升城市功能与合理发展人口初探》，《学术研究》2007 年第 7 期。

优化配置相应的教育资源，促进流动人口的子女与户籍人口的子女接受平等教育的权利，将会大幅降低流动人口的户籍迁移意愿，在流动人口权益保障方面，其子女的受教育权应当并行得到保障。

四　短期目标：加快产业结构调整，逐步消除入户障碍

深圳市的发展经验表明：优化产业结构是深圳增强经济功能、合理发展人口的根本措施。深圳市需要通过加快发展高新技术产业来控制人口规模。高新技术产业的人均产值高，在提升城市经济功能方面效果显著，同时既保持深圳市的经济高速发展，又能控制人口增幅，所以，要采取以下措施：①要加大发展高新技术产业政策力度，用先进技术带动传统产业升级，形成产业优势、品牌优势和规模优势。②要通过发展高端服务业来控制人口规模，控制批发零售、餐饮和社会服务行业人口增长。要鼓励发展金融、物流、高新技术企业发展，同时限制劳动密集型行业，从环保、消防等方面提高市场准入门槛。③要继续通过发展总部经济，利用总部经济的极化效应和扩散效应，合理分工产业链和价值链，使大量生产加工人员分流出深圳，在保持提升城市功能和保持经济高质量发展的同时，减少人口规模。

城市的发展需要一定规模的常住人口作支撑，现户籍人口与非户籍人口的严重倒挂，新生代农民工在深圳工作，又没有能力在深圳安家居住，拆分式的生活方式虽然使企业支付了较低标准的工资，但又使新生代农民工保留了对城市和工厂、农村和土地的忠诚，使农民工成为一个相对独立的、流动的群体。他们始终处在城乡的摇摆之间，无法形成熟练的技术工人阶层，影响了企业长远发展和产业升级，同时也带来了其他的社会问题。另外，从释放户籍改革压力、稳定常住人口、促进常住人口福利均等化等角度，需要稳步推进现有户籍制度改革，逐步放宽入户条件，推动常住人口逐步入户。深圳户籍人口基数小，增长空间大，可将在深圳工作一定年限、具有中专学历和技能、职业稳定的常住人口，应分期、分批转为户籍人口。

五　中期目标：稳定现有人口，加快保障住房建设

以新生代农民为基础的外来务工人员，对生活品质的追求愿望强

烈，深圳市高昂的房价已经对外来人口产生了挤出效应。深圳市现行经济对外来人口产生的依赖性依然存在，而全国经济多极化发展，对流动人口的争夺呈白热化，2007年、2008年两年常住人口呈递减状况，给深圳市的政府与企业敲响了警钟。怎样稳住现有人口，实现产业的平稳调整与升级，是深圳市政府面临的重大课题。

在住房方面，在2010年出台的《深圳市保障性住房条例》中规定，对于各类专业人才和非深户常住人口，可以申请公共租赁住房。但从条件来看，还是优先保障户籍人口。从目前全国房价普遍高企、深圳市房价连续多年高居中国前列的情况下，加强对外来流动人口的住房保障，对吸引与稳定流动人口无疑作用巨大，但仅此还不够，还需要加大工厂的职工宿舍建设和农民工公寓的建设力度，为农民工安居乐业创造条件。

六 终极目标：淡化户籍，稳步推进权益、福利均等化

深圳市自2005年以来，在外来人口福利均等化方面，体现了"在有条件的情况下，将常住人口的福利向户籍人口靠拢"的特性。在此阶段，深圳市为非户籍常住人口建立非户籍人口退养机制、完善常住非户籍人口的子女义务教育机制、实现了非户籍就业人口与户籍人口的在医疗保障权益上的平等、解决了大量非户籍人口的后顾之忧，使非户籍人口降低了对户籍制度的关注，降低了非户籍人口将户籍转入的意愿，从而也降低了深圳户籍人口剧增的压力。

在促进外来人口权益保障的完善、在非户籍人口的其他权益方面，深圳市2008年出台的《深圳市居住证暂行办法》规定，以居住证替代暂住证，实现以房管人与以证管人相结合，持证者可以免费享受原暂住证的就业服务、培训、申评职称、子女享受计划基础疫苗免费接种、免费享受国家规定的计划生育服务、办理出入港澳通行证、申请办理车辆入户和机动车驾驶执照、办理长期房屋租赁手续、有条件享受子女就学、公共租赁住房的有关权益、参与社区组织有关社会事务的管理、参加本市组织的有关劳动技能比赛和先进评比等福利。在2010年出台的《深圳市保障性住房条例》中规定，对于各类专业人才和非深户常住人口，可以申请安居房、公租房、廉租房等深圳保障性住房。

在深圳市户籍人口与非户籍人口严重倒挂的情况下，福利均等化改革进一步拉小了户籍人口与非户籍人口在享受公共福利方面的差距，进一步促进了常住人口福利均等化，降低了常住非户籍人口的户籍迁入的动力，化解了大量流动人口户籍迁入的社会压力。这些措施，淡化了户籍概念，提升了外来人口的权益保障水平，为中国户籍制度的新的改革指明了终极目标。

参考文献

1. 蔡昉：《劳动力市场制度建设》，2008年工作论文。
2. 倪鹏飞、潘晨光：《人才国际竞争力》，社会科学文献出版社2010年版。
3. 公安部：《关于解决当前户口管理工作中几个突出问题的意见》，1998年6月23日。
4. 刘俊：《重庆户籍改革：推动重大理论创新》，《重庆日报》2010年8月25日。
5. 彭希哲、赵德余、郭秀云：《户籍制度改革的政治经济学思考》，《复旦大学学报》2009年第3期。
6. 王列军：《户籍制度改革的经验教训和下一步改革的总体思路》，《江苏社会科学》2010年第2期。
7. 王太元：《十年内改掉户籍歧视》，《新京报》2010年2月21日。
8. 国务院：《中华人民共和国户口登记条例》，1958年1月9日。
9. 朱剑红：《国家发改委副主任称统筹城乡需破五大难题》，《人民日报》2010年6月7日。
10. 李若建：《深圳市户籍制度改革对深圳市人口管理的影响与对策》，《广东社会科学》2002年第5期。
11. 李若建：《利益群体、组织、制度和产权对城市人口管理的影响》，《南方人口》2001年第1期。
12. 李若建：《城镇户籍价值的显化与淡化过程分析》，《社会科学》2001年第9期。
13. 杨阳腾：《深港合作：打造前海现代服务业合作区》，《经济日报》

2011年1月13日第5版。

14. 乐正：《深圳蓝皮书：深圳经济发展报告（2010）》，社会科学文献出版社2010年版。
15. 王世巍：《深圳市人口变迁的背景和动因》，《特区实践与理论》2009年第5期。
16. 倪鹏飞：《城市竞争力蓝皮书：中国城市竞争力报告No. 8》，社会科学文献出版社2010年版。
17. 杜啸天：《富士康深圳去年出口额达480亿美元》，《南方日报》2011年1月7日。
18. 李春根：《户籍改革不应简单化》，《中国审计报》2007年1月29日。
19. 李鹏：《破除公共福利二元结构推进我国户籍制度改革》，《中国审计报》2007年6月13日。
20. 国务院新闻办：《中国的人力资源状况白皮书》，2010年9月10日。
21. 樊纲、武良成：《城市化》，中国经济出版社2010年版。
22. 张信源：《深圳市农村城市化管理体制改革探析》，《现代乡镇》2006年第3期。
23. 陈图深、童玉芬、曾序春等：《深圳市人口承载力分析及对策研究》，《西北人口》2008年第3期。
24. 乐正：《深圳人口发展的基本问题》，《特区经济》2007年第1期。
25. 李红联：《国际化理念下的深圳人口政策》，《特区实践与理论》2000年第4期。
26. 徐志青：《从社会分层看深圳人口调控与管理》，《特区实践与理论》2000年第4期。
27. 朱向伟：《深圳市人口迁移态势及其形成机制分析》，《南方人口》2001年第3期。
28. 赵志广、陈金喜、周指明等：《深圳市流动人口社区卫生服务的弱势分析》，《中国卫生经济》2005年第8期。
29. 钟若愚、李冬平：《深圳可持续发展中的人口经济问题》，《特区经济》2005年第6期。
30. 查振祥：《深圳市人口现状、问题和对策研究》，《特区经济》2006

年第 10 期。
31. 李若建：《户籍制度改革对深圳市人口管理的影响与对策》，《广东社会科学》2002 年第 5 期。
32. 米红、徐益能：《深圳人口结构与产业结构的关联模式研究》，《特区经济》2006 年第 10 期。
33. 珊丹：《深圳市人口结构分析与经济发展》，《西北人口》2002 年第 4 期。
34. 褚可邑：《从深圳的发展看人口与经济增长之间的关系》，《特区理论与实践》2004 年第 4 期。
35. 王世巍：《提升城市功能与合理发展人口初探》，《学术研究》2007 年第 7 期。
36. 王世巍：《深圳市三十年人口发展回顾与思考》，《南方论坛》2010 年第 3 期。
37. 李强：《城市化进程中的重大社会问题及其对策研究》，经济科学出版社 2009 年版。
38. 深圳市总工会：《新生代农民工生存状况调查报告》，2010 年 7 月。
39. 全国老龄办：《2009 年度中国老龄事业发展统计公报》，2010 年 7 月 13 日。
40. 杨政文：《户籍改革：困境与出路》，《领导者》2009 年第 2 期。
41. 田雪原：《中国人口政策 60 年》，社会科学文献出版社 2009 年版。
42. 王桂新：《中国人口迁移与流动：60 年的足迹》，《人口研究》2009 年第 5 期。
43. 国际移民组织：《2010 世界移民报告》，2010 年 11 月 29 日日内瓦发布。
44. 游玉华：《广东中山率先全国实行外来工积分入户》，《南方日报》2009 年 12 月 17 日。
45. 张莹：《高房价深圳如何留住人才"挤出效应"成城市之痛》，《深圳商报》2010 年 1 月 28 日。
46. 林若飞、陈飞燕：《蓝印户口明年起退出深圳》，《深圳商报》2006 年 2 月 10 日。
47. 曾妮、吕冰冰：《"1+5"文件试解深圳人口管理难题》，《南方日报》2005 年 8 月 5 日。

48. 王琼：《城市户口的社会福利承载量研究》，硕士论文，华东师范大学，2008 年。

49. 加里·贝克尔：《人力资本投资理论——关于教育的理论和实证分析》，中信出版社 2007 年版。

50. 伊德挺、陆杰华：《影响流动人口流动间隔的社会经济因素分析——以深圳为例》，《南方人口》2005 年第 1 期。

51. 孔爱玲：《实现深圳人口与社会经济协调发展》，《特区理论与实践》2001 年第 6 期。

52. 孙星光：《深圳市适度人口与可持续发展研究》，《统计教育》2006 年第 6 期。

53. 胡振宇、刘鲁鱼、周林：《深圳市人口与经济发展问题研究》，《开放导报》2005 年第 4 期。

54. 周铁：《深圳市流动人口管理工作评述》，《公安研究》1999 年第 2 期。

55. 张岸、齐清文：《深圳市城市内部人口与空间结构分析》，《南方人口》2006 年第 3 期。

56. 王曙光：《深圳城市化进程中的人口问题思考》，《现代乡镇》2006 年第 10 期。

57. 秦志勇：《深圳：全面推进农村城市化进程》，《人民政协报》2003 年 11 月 10 日。

58. 郑红梅：《深圳农村城市化探析——农民、准市民、市民角色转换》，《特区经济》2005 年第 6 期。

59. 陈晓：《深圳居住证——人口管理的第三条路》，《中国新闻周刊》2007 年 8 月 6 日。

60. 张立健、詹向阳：《区域人口聚集效应差异根源新论》，《珠江论坛》2006 年第 4 期。

61. 张岸、齐清文：《基于 GIS 的城市人口空间结构分析——以深圳市为例》，《地理科学进展》2007 年第 1 期。

62. 邹艳：《关于如何深化深圳农村城市化进程的探讨》，《特区经济》2005 年第 1 期。

63. 刘建：《对深圳特区农村后续城市化的思考》，《中国农村经济》2003 年第 9 期。

64. 杨光辉：《从统计的角度看深圳人口发展变迁》，《特区经济》2005 年第 4 期。

65. 杨中新：《从人口的角度谈深圳建设国际化城市》，《特区经济》2004 年第 2 期。

66. 王爱民、尹向东：《城市化地区多目标约束下适度人口规模探析》，《中山大学学报》2006 年第 1 期。

67. 李含琳：《中国农村人口流动性压力的形成及其化解基础》，《西部论坛》2010 年第 4 期。

68. 丁煜：《流动人口社会管理体制转型的政策思路——从流动人口的结构性变迁谈起》，《人口学》2009 年第 2 期。

69. 熊光清：《流动人口的增长态势、权利特征与权利救济》，《社会科学研究》2010 年第 1 期。

70. 梁波、王海英：《城市融入：外来农民工的市民化——对已有研究的综述》，《人口与发展》2010 年第 4 期。

71. 金三林：《解决农民工住房问题的总体思路》，《开放导报》2010 年第 3 期。

72. 魏润卿、黄玉婷：《新制度经济学视角下的户籍制度改革探讨》，《开放导报》2010 年第 3 期。

73. 骆勇：《城市户籍人口人户分离的特点与成因——基于广州市越秀区 X 街道、天河区 Y 街道的调查分析》，《人口与发展》2010 年第 4 期。

74. 葛建雄：《中国移民史》，福建人民出版社 1997 年版。

75. 王凌云、褚玉清：《论中国古代户籍管理制度的历史作用》，《辽宁警专学报》2010 年第 1 期。

76. 余佳、余信：《中国户籍制度的变迁的过去与未来：政策效应、改革取向与步骤选择》，《上海市社会科学界第七届学术年会论文集（2009 年度）》（政治·社会科学版）。

77. 卞利：《明代户籍法的调整与农村社会的稳定》，《江海学刊》2003 年第 5 期。

78. 卞利：《清代户籍法的调整与农村基层社会的稳定》，《安徽大学学报》（哲学社会科学版）2004 年第 1 期。
79. 蔡昉、都阳、王美艳：《户籍制度与劳动力市场保护》，《经济研究》2001 年第 12 期。
80. 狄佳、周思聪：《户籍制度改革的新制度经济学分析》，《社会科学论坛》2007 年第 3 期。
81. 深圳市统计局：《深圳统计年鉴》，《深圳年鉴》（1985—2017 年）。

后　　记

　　据有关部门统计，截至 2017 年年底，深圳市常住人口达到 1252.83 万，GDP 总量达到 2.24 万亿元。由此可见，深圳市作为我国改革开放的试验区、国家可持续发展议程创新示范区，在我国城市化快速发展和区域发展差距不断拉大，经济社会持续快速发展的背景下，深圳市人口和功能高度集中日益严重。交通拥堵、环境污染等一系列"大城市病"愈演愈烈，人口爆炸与交通拥堵等问题已经成为人们议论的焦点话题。因此，根据深圳市目前的状况，从城市功能与人口分布的合理化出发，强化人口管理与服务功能，持续推进户籍制度深化改革发展，对于缓解深圳市户籍人口与外来人口倒挂的压力，促进深圳可持续发展具有重大意义。通过该问题的研究力图找到深圳市人口服务和城市可持续发展的科学理论依据，为加快推进深圳市公共资源均衡配置，促进户籍人口和常住人口公共服务均衡发展，从而为实现可持续发展城市发展目标作出贡献。

　　笔者自 2010 年起开始关注深圳市户籍制度改革与人口发展，这本书是近 8 年来研究成果的结晶，现整理编纂出版，以供相关机构和研究人员参考。该书吸收了众多专家学者的意见，特别是中国社会科学院农村发展研究所原党委书记潘晨光研究员的大力指导。该书的出版得到贵州财经大学硕士研究生康峻珲、汪玉莲、冯碧楠、先国鹏的大力支持，他们对近六年的相关数据进行了修订，对部分内容进行了校改与拓展，在此一并表示感谢。

　　由于编者才疏学浅，未免有不当之处，敬请包涵并提出宝贵意见。